파브르 식물 이야기 1

파브르 식물 이야기

장 앙리 파브르 글
추둘란 풀어씀 | 이제호 그림

2권 차례

1. 잎은 아무렇게나 피어나지 않는다 | 2. 식물의 놀라운 변신 | 3. 잠자는 식물들
4. 여러 가지 일을 하는 잎 | 5. 단 한 가지 일만 하는 고귀한 몸, 꽃
6. 씨앗을 만드는 암술과 수술 | 7. 씨앗을 안전하게 지키는 열매 | 8. 새로운 시작, 씨앗
작가의 말 | 도움 받은 책 | 찾아보기

| 차례 |

1. 식물과 동물은 형제이다 6
2. 식물이 태어나는 곳, 눈 26
3. 식물의 지혜로운 변신 40
4. 쓰러진 밤나무의 역사, 나이테 이야기 55
5. 떡잎 한 장의 차이 76
6. 나무의 겉옷, 나무껍질 94
7. 줄기의 변신 108
8. 식물은 고집쟁이 126
9. 뿌리와 줄기의 발명품 138

장 앙리 파브르가 걸어온 길 150
찾아보기 156

1.
식물과 동물은 형제이다

 파브르가 들려주는 히드라 이야기

파브르는 곤충학자로 이름이 나 있습니다. 그런 파브르가 식물에 대한 이야기를 썼다면, 맨 처음에 무슨 내용으로 시작했을지 궁금하지 않나요? 파브르는 "식물과 동물은 형제이다."라고 썼습니다. 동물처럼 식물도 살아 있고, 먹으며, 자손을 남기기 때문입니다. 그래서 파브르는 식물을 알려면 꼭 동물을 살펴보아야 한다고 했습니다. 그 반대로, 동물을 알고 싶으면 식물한테 배울 점이 있다는 것도 잊지 말아야 한다고 했지요.

그래서일까요? 파브르는 식물기의 첫 주인공으로 히드라를 골랐습니다. 이제 여러분은 히드라에 대한 이야기를 들으면서 식물의 기본적인 구조부터 알게 될 것입니다. 그리고 더 많은 이야기를 들으면서 식물 세상의 숨은 비밀을 깨닫는 특별한 눈을 갖게 될 것입니다. 그럼, 파브르가 들려주는 히드라 이야기부터 들어 볼까요?

히드라는 민물에 삽니다. 직접 잡으려 한다면 고인 물을 찾아야 합니다. 이를 테면 마치 연둣빛 양탄자를 깔아놓은 듯, 개구리밥이 잔뜩 떠 있는 웅덩이가 좋지요. 아니면 낙엽이나 나뭇가지 따위가 가라앉아 있는 연못과 늪에서도 찾을 수 있습니다.

히드라는 대부분 녹색을 띠지만 환경이 어떠냐에 따라 조금씩

다른 색을 띠기도 합니다. 몸은 젤리처럼 말랑말랑한데, 몹시 연약해 조금만 세게 눌러도 터져 버리지요. 그러니 만질 때 손가락에 너무 힘을 주어서는 안 됩니다.

히드라의 몸통은 가늘고 긴 주머니 모양으로 생겼습니다. 이곳에서 먹이를 소화하지요. 히드라를 '강장동물'이라 부르는 것은 이 주머니 때문입니다. '강'은 '속이 비었다'라는 뜻이고 '장'은 '창자'라는 뜻이니까, 강장동물은 '주머니처럼 속이 빈 창자를 가진 동물'을 뜻합니다. 히드라 말고도 해파리와 산호의 몸통이 이런 주머니로 되어 있어서 함께 강장동물이라 부릅니다.

잘라도 잘라도 살아나는 히드라

어렸을 적, 히드라를 찾아 나섰던 파브르의 이야기를 들어 볼까요? 어느 휴일, 어린 파브르는 히드라를 찾기 위해 웅덩이의 물풀을 헤치고 다녔습니다. 운이 좋았던지 그날 파브르는 열 마리가 넘는 히드라를 찾아냈습니다. 집에 돌아와 물풀과 함께 물컵 속에 한 마리씩 넣었습니다. 물풀을 함께 넣어 주면 웅덩이의 환경과 비슷해서 히드라가 붙어살기에 좋을뿐더러, 산소를 따로 넣어 주지 않아도 되지요. 두어 시간이 흐르자 히드라는 몸을 부드럽게 뻗었습니다. 그리고 몸통의 한쪽 끝을 물풀에 붙인 채 먹

히드라의 구조

촉수
촉수란 '접촉해서 닿는 손'이라는 뜻이다. 히드라는 먹이를 잡는 데 촉수를 사용한다. 촉수는 6~8개이다.

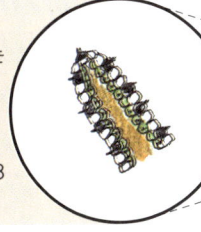

입, 항문
먹이를 먹기도 하고, 소화하고 남은 찌꺼기를 내뱉기도 한다. 입과 항문의 역할을 동시에 한다.

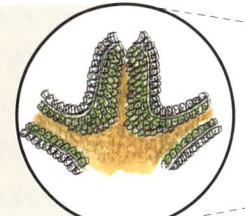

몸통
'강장'이란 '주머니처럼 속이 빈 창자'를 뜻한다. 히드라의 몸통은 속이 비어 있어 '강장동물'이라 불린다.

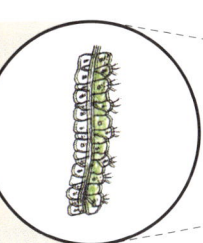

이런 혹이 점점 부풀어 올라 새끼 히드라가 된다.

이 부분으로 물풀이나 나뭇가지에 들러붙는다.

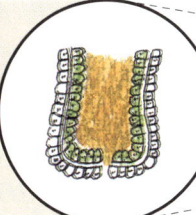

이를 잡으려고 여덟 개의 촉수를 뻗기 시작했습니다.

　파브르는 호기심에 히드라의 몸을 두 조각으로 잘라 보았습니다. 히드라의 잘린 몸뚱이는 잠시 부르르 떨다가 시들시들 힘이 빠졌습니다. 그런데 다음 날, 물 컵 속에서 놀라운 일이 일어났습니다. 잘린 히드라의 한쪽이 아무 일도 없었던 것처럼 촉수를 뻗으며 먹이를 찾고 있었습니다. 몸통을 잃은 아픔은 벌써 잊은 듯했지요. 다른 한쪽에 있는 잘린 몸통도 여느 때와 마찬가지로 소화하느라 바빴습니다. 없어진 촉수 따위는 이미 깨끗이 잊어버린 듯했습니다.

　다시 며칠이 지난 뒤, 이번에는 더 놀라운 일이 일어났습니다. 물 컵 속에는 건강한 두 마리의 히드라가 살아 움직이고 있었습니다. 가위로 자르기 전의 씩씩한 모습 그대로였지요. 잘려서 소화 주머니만 있던 쪽에는, 입과 여덟 개의 촉수가 새로 생겨나

여러 조각으로 잘게 토막 낸 히드라.　　토막 난 히드라가 새로운 히드라로 다시 태어났다.

있었습니다. 그 반대로 촉수만 있던 쪽에는, 없어졌던 소화 주머니가 새로 생겨났습니다. 조각난 몸에서 잃어버린 나머지 부분이 새로 생겨난 것입니다.

그것을 보고 어린 파브르는 히드라를 좀 더 잘게 자르기 시작했습니다. 다섯 도막, 열 도막, 스무 도막……. 잘린 조각들이 좁쌀만 해질 때까지 내키는 대로 마구 잘랐습니다. 그리고 자른 조각들을 마치 씨앗을 뿌리듯이 다른 물 컵 속에 뿌렸습니다.

얼마 뒤에 이 조각들은 녹색의 '싹'을 틔우기 시작했습니다. 그리고 시간이 좀 더 흐르자, 모든 조각들이 하나도 빠짐없이 완전한 히드라가 되었습니다.

동물의 싹과 식물의 싹

몸이 잘려도 잘려도 되살아나는 히드라는 어떻게 자손을 만들어 번식하는 걸까요?

히드라가 완전히 자라면 몸통 아래쪽에 두서너 개의 혹이 생깁니다. 혹은 점점 커지고 부풀어 올라 작은 주머니 모양이 되지요. 그리고 이 혹은 쑥쑥 자라다가 이윽고 꽃봉오리가 꽃을 피우듯이 터집니다. 바로 소화 주머니와 여덟 개의 촉수를 갖춘 작은 새끼 히드라입니다. 어미 히드라의 몸에서 새끼 히드라가 생겨나는 것이지요. 그런데 이것은 마치 나뭇가지에서 조그만 눈이 생기고 거기서 새 가지가 벋어 나가는 모양과 닮았습니다.

히드라는 분명히 동물입니다. 동물이라고 어엿하게 말할 수 있는 까닭이 몇 있지요. 자신의 몸을 움직여 어디든 가고 싶은 곳으로 갈 수 있습니다. 아픈 것도 느낍니다. 또 먹이를 쫓아가서 잡아먹습니다. 그런데 다시 생각해 보면 식물 같기도 합니다. 나무가 눈을 틔운 다음 새 가지를 벋어 가듯, 히드라도 같은 방법으로 새끼를 만드니까요.

그런데 새끼 히드라는 아직 세상을 알지 못하고 자기 힘으로 먹이를 잡지도 못합니다. 그래서 어미는 자신의 소화 주머니와 새끼의 소화 주머니를 이어 둡니다. 그렇게 하면 어미가 소화하여 만든 영양분을 새끼가 받아먹을 수 있지요. 새끼는 얼마 동안 먹지 않아도 배가 부릅니다. 그리고 마침내 새끼 히드라가 세상으로 나가도 될 만큼 튼튼하게 자라면 어미는 새끼를 독립시킵니다. 어미

히드라는 자기 몸의 한 부분을 부풀려 새끼를 만들어 낸다.

로서는 가슴 아픈 일이지만 자연의 엄격한 규칙을 따라야 합니다. 어미는 먼저 자신의 소화 주머니와 새끼의 소화 주머니가 이어진 부분을 닫아 버립니다. 그리고 그 부분을 천천히 조여서 이윽고 완전히 떼어 내지요.

나무처럼 사는 산호

식물과 비슷하게 사는 동물이 히드라만은 아닙니다. 파브르는 히드라 다음으로 산호 이야기를 들려줍니다. 산호는 작은 꽃나무같이 생겼습니다. 줄기와 가지가 있고 꽃이 피는 듯한 생김새 때문에 식물로 오해를 받기도 하지만 식물이 아닙니다.

산호에서 꽃처럼 보이는 부분은 사실 살아 있는 동물입니다. 학자들은 이 동물을 '폴립'이라 부르지요. 폴립은 라틴 어로 '다리가 많다'는 뜻입니다. 산호에서 줄기와 가지처럼 보이는 부분은 이 폴립 무리가 내놓은 분비물이 쌓인 것입니다. 스스로 딱딱한 석회질 성분을 내뿜어 든든한 삶의 보금자리를 만들지요.

한편, 폴립의 몸은 히드라와 비슷합니다. 공 모양에다 말랑말랑하고 속이 빈 주머니처럼 생겼습니다. 이 주머니가 소화를 맡지요. 주머니의 아래쪽은 바위에 붙어 있습니다. 꽃잎처럼 보이는 것은 촉수입니다. 히드라처럼 입 둘레에 촉수가 붙어 있는데 여섯 개 아니면 여덟 개입니다. 폴립도 히드라처럼 촉수를 뻗어서 바닷물에 떠다니는 작은 먹이를 잡습니다. 폴립이 좋아하는 먹이는 동물성 플랑크톤입니다. 때로는 작은 게나 새우, 작은 물고기도 먹지요.

그런데 무리를 지어 한곳에 눌러 사는 폴립에게는 한 가지 어려움이 있습니다. 바닷물은 파도치며 늘 움직이기 때문에, 때와 장소에 따라 잡아먹을 수 있는 먹이의 양이 다릅니다. 어떤 곳은 먹이가 많이 떠다니지만 어떤 곳은 먹이가 아예 없을 수도 있지요. 그래서 먹이를 많이 잡는 폴립이 있는가 하면 전혀 잡지 못하는 폴립도 있습니다. 자칫 굶어 죽는 폴립이 생길 수도 있다는 얘기입니다. 하지만 폴립은 이 어려움을 아주 훌륭하게 이겨 냈습니다. 어느 폴립이 잡았든, 잡은 먹이를 모두에게 골고루 나누어 주지요. 아무도 욕심을 내거나 투덜거리지 않고 늘 이 약속을 지킵니다. 폴립은 어떻게 이처럼 평등한 사회를 이룰 수 있었을까요? 이것을 알려면 어미 폴립과 새끼 폴립이 어떻게 사는지 그 비밀부터 풀어야 합니다.

엄청나게 큰 폴립 무리도 처음엔 하나의 폴립 알에서 시작합니다. 알에서 깨어난 폴립은 얼마쯤 물속을 떠다닙니다. 그러다 알맞은 바위를 찾으면 거기에 붙어서 홀로 살게 됩니다. 이윽고 폴립이 웬만큼 자라게 되면 혹을 만듭니다. 히드라가 새끼를 만들던 것과 같지요. 식물이 눈을 틔우는 모습과도 닮았습니다. 이윽고 어미 폴립의 옆구리에서 새끼 폴립이 생깁니다. 어미는 소화한 영양분을 아직 먹이를 잡지 못하는 새끼 폴립에게 나눠 줍니다. 히드라와 마찬가지로 어미 폴립과 새끼 폴립의 소화 주머니는 이어져 있으니까요.

그런데 폴립은 히드라와 다른 점이 있습니다. 어미 히드라는 새끼 히드라의 소화 주머니와 이어져 있는 부분을 언젠가는 끊어 버립니다. 하지만 어미 폴립은 이것을 끊지 않습니다. 끝까지 함께 살지요. 언뜻 보기에 폴립은 저마다 따로 독립해서 사는 것 같지만, 사실은 하나의 뿌리를 두고 함께 기대어 삽니다. 그래요, 공동체라 할 수 있습니다.

이렇게 공동체를 이루며 사니 죽음이 있을 리 없습니다. 본디 폴립 하나하나는 늙어 죽기도 합니다. 모든 동물은 언젠가는 죽게 마련이고 폴립 또한 동물이니까요. 하지만 죽기 전에 수많은 새끼를 만들고 그 새끼가 자라나 또 수많은 새끼를 만들기 때문에 산호 공동체가 무너지는 일은 좀처럼 일어나지 않습니다. 큰 사고가 나서 모조리 죽지 않는 한 산호는 수천 년 동안 살아남지요. 실제로 홍해에는 3천 년에서 4천 년이나 된 산호가 있습니다. 이집트의 파라오가 피라미드를 세우던 때에 태어나 지금까지 살아 있는 것입니다.

산호 폴립 열림

산호 폴립 닫힘

바닷속 산호
공동체 생활을 하는 산호의 색깔은 붉은색, 연분홍색, 흰색 등 다양하다. 태평양 연안을 비롯해 지중해 연안에 많이 분포되어 있다.

 산호처럼 사는 나무

지금까지 파브르는 히드라와 산호의 이야기를 했습니다. 식물과 동물이 매우 다른 것 같지만 오히려 닮은 점이 더 많다는 것을 알려 주려고 한 것이지요. 지금까지 파브르가 한 이야기를 거꾸로 거슬러 가 보면 파브르가 왜 이 두 가지 예를 들었는지 알 수 있습니다.

거꾸로 가 볼까요? 산호와 히드라는 식물과 비슷합니다. 산호는 생긴 것이 식물 같습니다. 공동체로 사는 것도 비슷합니다. 그리고 히드라는 혹을 내어 자식을 만들고 독립시킵니다. 그런가 하면 히드라의 몸을 여러 조각으로 잘라 마치 씨앗을 뿌리듯 뿌리면 완전한 새 히드라가 됩니다.

그럼, 하던 이야기로 돌아와, 식물이 공동체로 어떻게 살아가는지 좀 더 자세히 알아보겠습니다.

산호처럼 식물도 공동체를 이루어 삽니다. 수수꽃다리의 잔가지를 예로 들어 볼까요? 먼저, 찾아보아야 할 것이 있습니다. 줄기에 잎이 붙어 있는 자리를 찾고 그 자리 바로 위를 잘 살펴보세요. 이곳을 '잎겨드랑이'라고 합니다. 식물학자들은 나뭇잎을 뜻하는 '엽'자와 겨드랑이를 뜻하는 '액'자를 써서 '엽액'이라 부르지요. 가을이 되면 잎겨드랑이를 살펴보기가 퍽 좋습니다.

잎이 떨어지고 나면 그 자리에 잎자국이 남습니다. 그 잎자국 바로 위가 잎겨드랑이이지요. 그런데 여기에 조그맣고 둥근 것이 붙어 있습니다. 찬찬히 들여다보면 짙은 갈색 비늘에 싸여 있습니다. 이것이 바로 수수꽃다리의 눈입니다. 이 눈은 나중에 자라나 완전히 새로운 가지가 되지요. 마치 폴립의 몸에 혹이 생기고 이것이 자라서 완전한 새끼 폴립이 되는 것과 같습니다.

수수꽃다리 한 그루를 공동체로 본다면 눈은 공동체의 한 구성원이면서 한 개체이기도 합니다. 하지만 이대로는 어리고 약해서 아직 일다운 일을 하지 못합니다. 처음 만들어진 그해에는 영양분을 받아먹기만 하지요. 이듬해 봄이 올 때까지 꼼짝 않고 그렇게 붙어 있습니다. 겨울을 넘기고 새봄이 되어야 눈은 바야흐로 새 가지를 벋어 가며 일을 시작하지요.

그렇다면 한 해 동안 이 눈을 누가 먹여 살릴까요? 그해에 새로운 잎을 잔뜩 피운 잔가지가 맡습니다. 잔가지는 어린눈에게 먹을 것, 입을 것을 챙겨 주어 추운 겨울을 아무 탈 없이 나게 합니다. 그리 쉬운 일이 아닐 터인데, 잔가지는 정말 부지런하고 성실하게 일합니다. 너무 열심히 일해서 지치지 않을까 걱정이 되기도 하지요. 다행히 잔가지들은 한 해 동안만 일합니다. 해가 바뀌면 열심히 일한 잔가지들은 바로 은퇴하지요. 은퇴해도 걱정은 없습니다. 그해 봄에 새로 싹 튼 잔가지들이 다시 이 일을 이어받기 때문입니다.

  같은 가지에 달린 눈은 한 공동체의 식구입니다. 그러니 식물로서 누려야 할 권리도 고르게 나눠 가져야 합니다. 물·신선한 공기·따뜻한 햇볕을 저마다 넉넉히 나눠 받아야 합니다. 그리고 맛있는 영양분도 똑같이 먹어야 하며 잎도 고루고루 펼쳐야 합니다.

  그런데 실제로는 그렇지 않습니다. 어떤 눈은 자랑스럽게 우거진 잎을 펼치지만 어떤 눈은 볼품없고 약한 잎을 힘겹게 펼칩니다. 또 어떤 눈은 잎도 펼치지 못한 채 말라서 죽고 맙니다. 왜 그럴까요? 그것은 크게 자라나려는 힘, 곧 성장력이 눈마다 다

수수꽃다리의 가지에 수많은 겨울눈이 매달려 봄이 오기만을 손꼽아 기다리고 있다. 봄이 오면 이 작은 겨울눈에서 수많은 꽃과 잎이 피어날 것이다.

르기 때문입니다. 보통 가지의 맨 위쪽에 붙은 눈들이 성장력이 세고 아래쪽에 붙은 눈들이 성장력이 약합니다. 찬찬히 살펴보지 않으면 잘 보이지 않을 만큼 작은 눈도 있고 트지도 못하고 아예 없어지는 눈도 많지요.

 누구나 한번쯤은 그런 궁금증을 가져 보았을 것입니다. 세상 사람 모두가 왜 똑같이 건강하지 못한지, 왜 고르게 부자가 아닌지……. 이에 대해 파브르는 자연을 돌아보라고 말합니다. 수수

봄이 되면 이렇게 작은 눈에서 수많은 꽃과 잎이 터져 나온다.

수수꽃다리 겨울눈

꽃다리의 눈도 저마다 성장력을 다르게 받은 것처럼 사람도 저마다 축복의 크기를 다르게 받았다는 것이지요.

파브르의 말대로라면, 인류를 어마어마하게 큰 수수꽃다리 나무로 보았을 때 우리는 그 나무에 붙은 작은 눈이라고 할 수 있습니다. 그런데 평범한 사람이건, 눈에 띄지 않는 수수꽃다리의 눈이건, 자신이 맡은 바를 묵묵히 해낼 때 이 세상은 아름다워집니다. 그러니 우리가 비록 작고 약하다 할지라도, 이 세상에서 반드시 해야 할 일이 있습니다. 수수꽃다리처럼 우리의 꿈을 행복하게 펼쳐 내는 것입니다. 크고

수수꽃다리 꽃
4월에 연한 자주색 꽃이 핀다. 꽃도 아름다워 뜰에 자주 심는다. 수수꽃다리를 개량한 것을 '라일락'이라고 한다. 꽃향기가 좋아 옛날 사람들은 꽃을 말려 주머니에 담아 몸에 지니고 다녔다.

화려하지 않아도 되지요. 다른 사람들이 인정해 주지 않아도 괜찮습니다. 우리의 꿈을 향해 주어진 길을 묵묵히 가는 것이 중요합니다. 그런 점에서 세상에 있는 모든 것들은 어느 것 하나 소중하지 않은 것이 없지요.

2. 식물이 태어나는 곳, 눈

🌱 어떤 겉옷보다 따뜻한 눈비늘

 듬직한 줄기, 하늘을 우러르는 가지, 빽빽하게 펼친 짙푸른 잎, 화려한 색깔의 꽃……. 식물의 기관들은 어느 것 하나 빼놓을 수 없이 중요합니다. 그런데 파브르는 다른 기관을 모두 제쳐 놓고, 나무의 눈부터 이야기합니다. 왜냐하면 잎, 가지, 꽃 할 것 없이 모든 기관이 눈에서 생겨나고 반드시 눈의 시절을 거치기 때문이지요.

 나무의 눈은 잎이 떨어진 겨울에 쉽게 찾을 수 있습니다. 잎은 속절없이 떨어졌지만 눈은 제자리를 떠나지 않고 겨울을 납니다. 이렇게 겨울을 나는 나무의 눈을 특별히 '겨울눈'이라 부릅니다. 그런데 겨울눈이라고 해서 겨울에 갑자기 만들어지는 것은 아닙니다. 사실은 봄에 생겨나지요. 그리고 여름이 지나도록 부지런히 자라납니다. 겨울 추위를 견뎌 낼 힘도 미리 쌓아 둡니다. 이윽고 가을이 되면 자라는 것을 멈추고 잠깐 쉽니다. 그리고 겨울이 되면 동물처럼 겨울잠을 자면서 이듬해 봄을 기다립니다. 마침내 새봄이 되면 바야흐로 피어나기 시작해서 잔가지로 뻗어갑니다.

 이듬해 봄이 오기까지 나무의 눈은 어리고 약합니다. 너무 춥거나 습한 날씨가 좋을 리 없지요. 더욱이 눈과 얼음의 계절인 겨울은 나무의 눈에게는 가장 견디기 힘든 때입니다. 그래서 나무는 눈을 보호하기 위해 준비를 아주 든든하게 합니다. 안에는 따뜻한 털옷을 입히고 바깥에는 비나 눈에 젖지 않도록 매끈하고 튼튼한 겉옷을 입히지요. 어린눈을 보호하기 위해 마치 갑옷 미늘처럼 비늘 조각으로 겹겹이 싸맵니다. 이 옷을 '눈비늘'이라 부릅니다. '눈을 보호하는 비늘 조각'이라는 뜻입니다.

눈비늘을 사람의 옷에 빗댄다면 어떤 옷이라 할 수 있을까요? 파브르는 겨울 겉옷을 꼽습니다. 한 나그네가 긴 겨울 여행을 떠난다고 생각해 봅시다. 틀림없이 나그네는 속에는 부드럽고 따스한 옷을, 겉에는 습기와 추위를 잘 막는 겉옷을 걸칠 것입니다. 하지만 이렇게 입는 것은 옷감이 발달한 오늘날에나 가능한 이야기이지요. 멀고 먼 옛날, 사람들이 아직 옷을 만들지 못했을 때는 짐승 가죽만 걸친 채 살았습니다. 한겨울이 되어도 더 껴입을 게 없었죠. 그런데 그 시절에 나무는 이미 겨울눈을 위하여 따뜻한 털옷과 습기가 스며들지 않는 겉옷을 만들어 입혔습니다. 나무의 겨울눈이 사람보다 훨씬 더 슬기로웠다고 할 수 있지요.

나무의 눈이 어떻게 생겼는지 보여 주기 위해 파브르는 칠엽수의 겨울눈을 골랐습니다. 칠엽수는 다른 나무에 견주어 겨울눈의 크기가 제법 큽니다.

칠엽수의 겨울눈은 차디찬 겨울 바람을 막기 위하여 어떻게

칠엽수 잔가지와 겨울눈의 구조

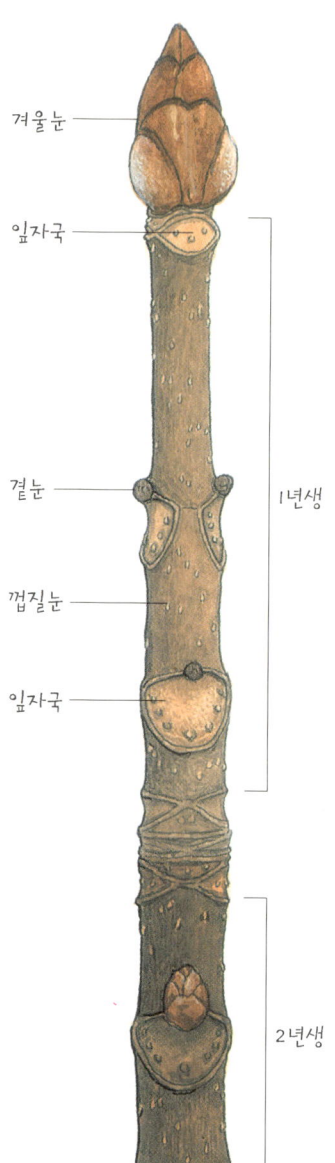

- 겨울눈
- 잎자국
- 곁눈
- 껍질눈
- 잎자국
- 1년생
- 2년생

칠엽수 겨울눈 자세히 뜯어보기

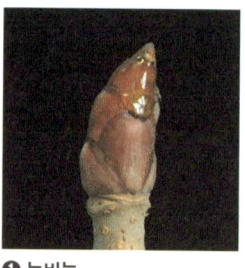

❶ 눈비늘
틈도 없이 잘 포개져 있다. 게다가 끈적끈적한 액 때문에 손가락으로 뜯어내는 것도 쉽지 않다.

❷ 털로 덮인 칠엽수 눈
눈비늘 조각을 뜯어내면 솜털을 뒤집어쓴 모습이 나타난다.

❸ 나뭇진으로 덮인 연두색 조직
솜털을 걷어 내면 다시 끈적끈적한 액으로 온통 뒤덮인 보호막이 나타난다.

싹

❹ 초록색 싹
겨울눈 속의 보호막을 걷어 내면 초록색 싹이 보이는데 이 부분이 나중에 잎과 꽃으로 자라게 된다.

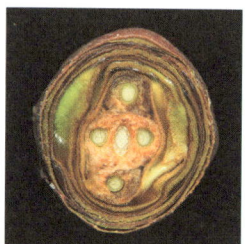

▲ 겨울눈을 가로로 자른 모습이다. 가운데 하얀 점처럼 보이는 게 나중에 꽃과 잎으로 자랄 어린 싹이다.

▶ 다 자란 칠엽수의 꽃과 잎

채비하고 있을까요? 먼저, 바깥쪽에는 단단한 눈비늘을 포개어 잎을 보호하지요. 어찌나 빈틈없이 잘 포개어 놓았는지, 파브르는 지붕에 솜씨 좋게 얹어 놓은 기왓장 같다고 하였습니다(사진 ❶). 눈이나 비바람이 들어갈 틈을 찾아낼 수가 없지요.

그뿐만 아니라, 하나하나의 눈비늘을 나뭇진으로 덮어 놓았습니다. 나뭇진은 가구나 나무 공예품에 바르는 바니시처럼, 습기를 완벽하게 막아 줍니다. 소나무 가지를 꺾으면 흘러나오는 송진도 나뭇진의 한 종류이지요. 또한 눈비늘의 안쪽에는 솜털이 나 있습니다(사진 ❷). 부드럽고 약하기만 한 어린 싹을 어떻게든 따뜻하게 감싸려는 나무의 마음 씀씀이가 퍽 놀랍습니다.

이 털까지 뜯어내면, 무척 끈끈한 나뭇진으로 온통 뒤덮인 연두색 조직(사진 ❸)이 나타나고 그 안에 어린 싹(사진 ❹)이 가지런하게 놓여 있습니다.

이처럼, 겨울눈은 나뭇가지의 갓난아기 시절이라 할 수 있는데, 나무는 이 겨울눈을 갖가지 슬기로운 방법으로 잘 보호하고 있습니다. 그러므로 웬만해서는 겨울눈이 겨우내 얼어 죽는 일은 일어나지 않지요.

본디 겨울눈은 사람들 눈에 잘 띄지도 않을뿐더러 겉보기에 색깔도 예쁘지 않고 볼품이 없습니다. 하지만 나무의 겨울눈이 입고 있는 눈비늘 옷은 얼마나 빼어난 작품인지 모릅니다. 습기가 들어올 수 없으니 나쁜 날씨에도 끄떡없습니다. 게다가 솜털은 추위를 막는 데 안성맞춤입니다. 이처럼 완벽한 겨울옷이 세상 어디에 또 있을까요?

눈은 정리 정돈의 달인

곧잘 식물 세상과 사람 세상을 빗대기 좋아하던 파브르는 가장 바깥쪽에 있는 눈비늘을 보면서 노동자들을 떠올렸습니다. 다른 사람들이 입을 옷감을 열심히 짜는 노동자들은 막상 그 멋지고 훌륭한 옷감을 걸쳐 보지 못합니다. 아니, 자신들의 손재주로 우아하게 짠 리본 한 조각도 모자에 마음대로 달지 못합니다.

옷감 노동자만이 아니지요. 세상에는 다른 사람들을 위해 희생하는 사람들이 얼마든지 있습니다. 잎을 돌보려고 기꺼이 자신을 바치는 눈비늘 같은 사람들, 꽃을 지키기 위해 기꺼이 꽃받침이 되어 주는 사람들, 남들이 꺼리는 일, 알아주지 않는 일을 하는 이들의 겉모습은 대부분 초라합니다. 하지만 맡은 일에 사명감을 가지고 묵묵히 최선을 다하지요. 그들의 노력과 희생이 있기에 이 세상은 잎처럼 푸르고 꽃처럼 밝을 수 있습니다.

겨울눈의 눈비늘에 대한 궁금증은 풀렸습니다. 하지만 그 눈비늘에 둘러싸여 겨우내 보호를 받은 어린 싹에 대해서는 아직

이야기를 하지 않았지요. 이제 그 이야기를 해 보겠습니다. 겨울눈의 가장 안쪽에 있는 이 싹들은 크기도 작고 색깔도 옅으며 조직도 연합니다. 하지만 이미 잎이나 꽃의 모양을 다 갖추고 있고, 눈비늘에 못지않은 멋진 슬기도 뽐냅니다. 그 슬기란 바로 정리 정돈하는 기술입니다. 아무리 작고 여려도 그 좁은 곳에 여러 장의 잎이 가지런히 들어가 있는 모습을 보면 그저 놀라울 따름입니다. 어느 누구도 흉내 내지 못할 기막힌 솜씨입니다.

 사람은 언제 정리 정돈이 필요할까요? 파브르는 여행 가방 꾸릴 때를 떠올려 보라고 합니다. 가방 안의 공간은 정해져 있는데 무엇부터 먼저 넣어야 할지 머릿속이 복잡해집니다. 손수건과 양말을 차곡차곡 넣고 셔츠·바지·외투도 잊어선 안 되고, 책 한 권도 꼭 넣어야 하고……. 깜냥대로 넣어 보지만 가방은 어느새 터질 듯합니다. 모조리 꺼내어 다시 넣고 도로 꺼내기를 거듭하고서야 비로소 짐 싸는 일이 끝나지요.

 그런데 호들갑스럽게 가방을 꾸리는 사람들과는 달리 나무의 눈은 이런 일에 아주 재간꾼입니다. 볍씨 하나가 겨우 들어갈 공간에 여러 장의 잎을 솜씨 있게 포개 넣습니다. 잎뿐이 아닙니다. 한 무더기의 꽃도 아무렇지 않게 넣지요. 수수꽃다리 눈 하나에는 꽃잎이 백 장 넘게 들어 있습니다. 그만한 꽃잎이 그토록 좁은 곳에서 지내려면 더러 제 모양이 나오지 않는 것도 있을 법

한데 그렇지 않습니다. 모두가 완벽한 모양을 갖추고 있습니다.

파브르는 상상을 해 보라고 합니다. 겨울눈 속에 들어 있는 잎과 꽃을 하나하나 꺼내어 놓았다가 다시 눈 속으로 챙겨 넣는 일을……. 사람은 할 수 없지요. 식물이 아니고서는 감히 흉내조차 낼 수 없습니다.

눈 속에서 어린잎은 가능하면 자리를 덜 차지하려고 특별한 자세로 있습니다. 이렇게 눈 안에 들어 있는 어린잎의 자세를 학자들은 '눈의 모습'이라 하여 '아형'이나 '유엽태'라 부릅니다.

눈 안에 정돈되어 있는 어린 싹의 자세는 여러 가지이지요. 둥글게 말려 있기도 하고 주름 잡혀 있기도 하며 부채 모양으로 접혀 있기도 합니다. 또 세로로 휘어지기도 하고 가로로 휘어지기도 하며, 각이 지기도 하고 소용돌이 모양이 되기도 합니다. 소용돌이 모양이라도 한쪽 끝만 말리기도 하고 양쪽 끝이 다 말리기도 합니다. 이 모든 자세의 종류는 천 가지가 넘을지 모릅니다.

🌿 맨몸으로 겨울을 나는 맨눈

식물의 눈은 겨울눈만 있는 것은 아닙니다. 사계절을 다 거치며 여러 해를 사는 식물이 있는가 하면 한 해만 살다 죽는 식물도 있지요. 이에 따라 식물의 눈에도 이듬해를 생각하며 겨울을

겨울눈의 아형·유엽태

오동나무 겨울눈

가로로 자른 모습

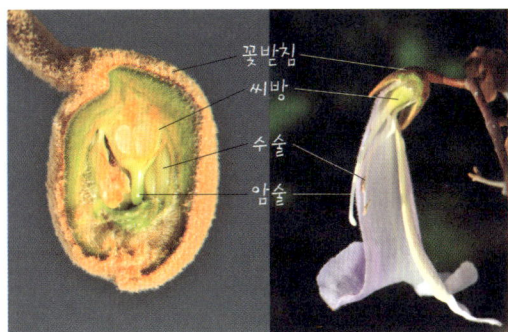
세로로 자른 모습   오동나무 꽃 속

꽃받침
씨방
수술
암술

칠엽수 겨울눈

가로로 자른 모습. 잎눈과
꽃눈이 섞여 있다.

칠엽수 새싹과 꽃봉오리

백목련 겨울눈

가로로 자른 모습

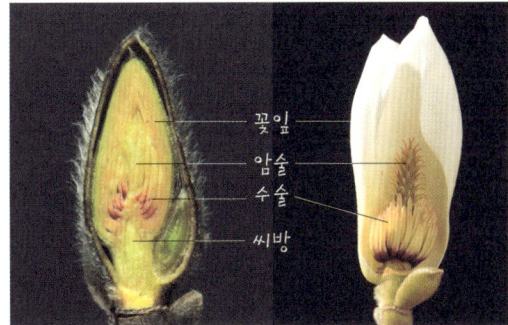
세로로 자른 모습   백목련 꽃 속

꽃잎
암술
수술
씨방

나는 눈과 그렇지 않은 눈이 있습니다.

여러 해를 사는 나무와 달리 짧은 시간을 사는 식물들이 있습니다. 감자·당근·호박 들은 한 해만 살다 죽는 '한해살이식물' 입니다. 이들은 겨울을 나지 않으니 두터운 눈비늘로 된 겨울옷을 만들지 않아도 됩니다. 그리고 이듬해에 피어날 것을 기다리며 한 해 동안 먹고 잠만 자는 생활도 하지 않습니다. 그 대신 태어나자마자 곧바로 일을 시작합니다. 이처럼 겨울눈과는 사뭇

쪽동백나무 겨울눈과 새싹

❶ **겨울눈** 솜털을 잔뜩 뒤집어쓰고 있다.
❷ **새싹** 겨우내 뒤집어쓰고 있던 솜털이 아직도 남아 있다. 잎이 다 자라고 나면 이 솜털은 모두 떨어져 나간다. 어린잎이 솜털만 뒤집어쓴 채 맨몸으로 겨울을 난 것이다.

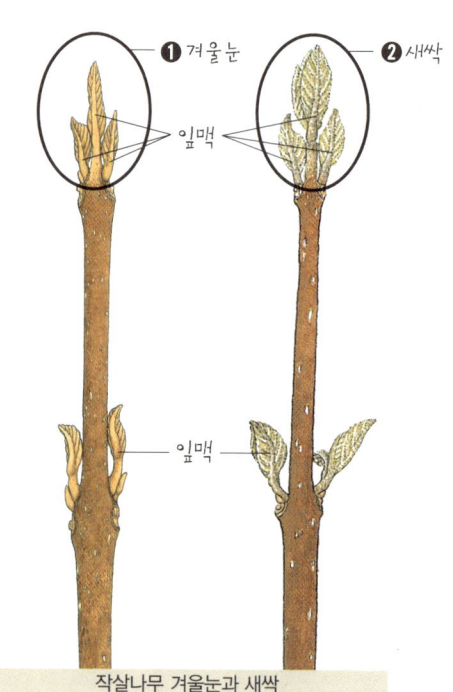

작살나무 겨울눈과 새싹

❶ **겨울눈** 어린잎이 솜털을 잔뜩 뒤집어쓰고 있다. 자세히 관찰하면 잎맥을 볼 수 있다.
❷ **새싹** 새싹의 모습이 겨울눈과 많이 닮았다. 솜털만 뒤집어쓴 채 어린잎이 맨몸으로 겨울을 난 것이다.

다르게 사는 눈을 '여름눈'이라 부릅니다. 여름눈은 겨울옷을 마련하지도, 입지도 않는다 하여 '맨눈'이라 부르기도 합니다.

쪽동백나무 꽃

그건 그렇고, 세상에 예외 없는 규칙은 없다고 했습니다. 겨울을 나는 눈인데도 눈비늘 겨울옷을 입히지 않는 나무가 있습니다. 쪽동백나무와 작살나무가 그렇습니다. 이 나무들은 어린눈에게 아무것도 입히지 않은 채 눈바람을 맞으라고 합니다. 게을러서일까요? 아니면 다음 세대를 만들 마음이 없기 때문일까요? 이 물음에 대해 파브르는 그럴듯하게 답합니다. 튼튼하고 씩씩한 눈을 만들기 위해서 일부러 그런다는 것입니다.

가만 보면 사람 세상에도 한겨울에 얼음이 꽁꽁 언 냇가나 하얀 눈밭에서 맨살을 드러내 놓고 운동하는 사람들이 있습니다. 추운 겨울을 맨몸으로 이겨 내면 그만큼 건강해진다고 생각하는 것이지요. 나무도 그렇습니다. 쪽동백나무와 작살나무는 예로부터 강한 껍질과 재질을 자랑합니다. 그래서 가문의 빛나는 전통을 지키기 위해 한겨울에 어린눈을 모질게 훈련시키는 것입니다. 사람이건 나무건 강하게 살아남으려면 남모르게 어려움을 이겨 내는 시간이 필요한가 봅니다.

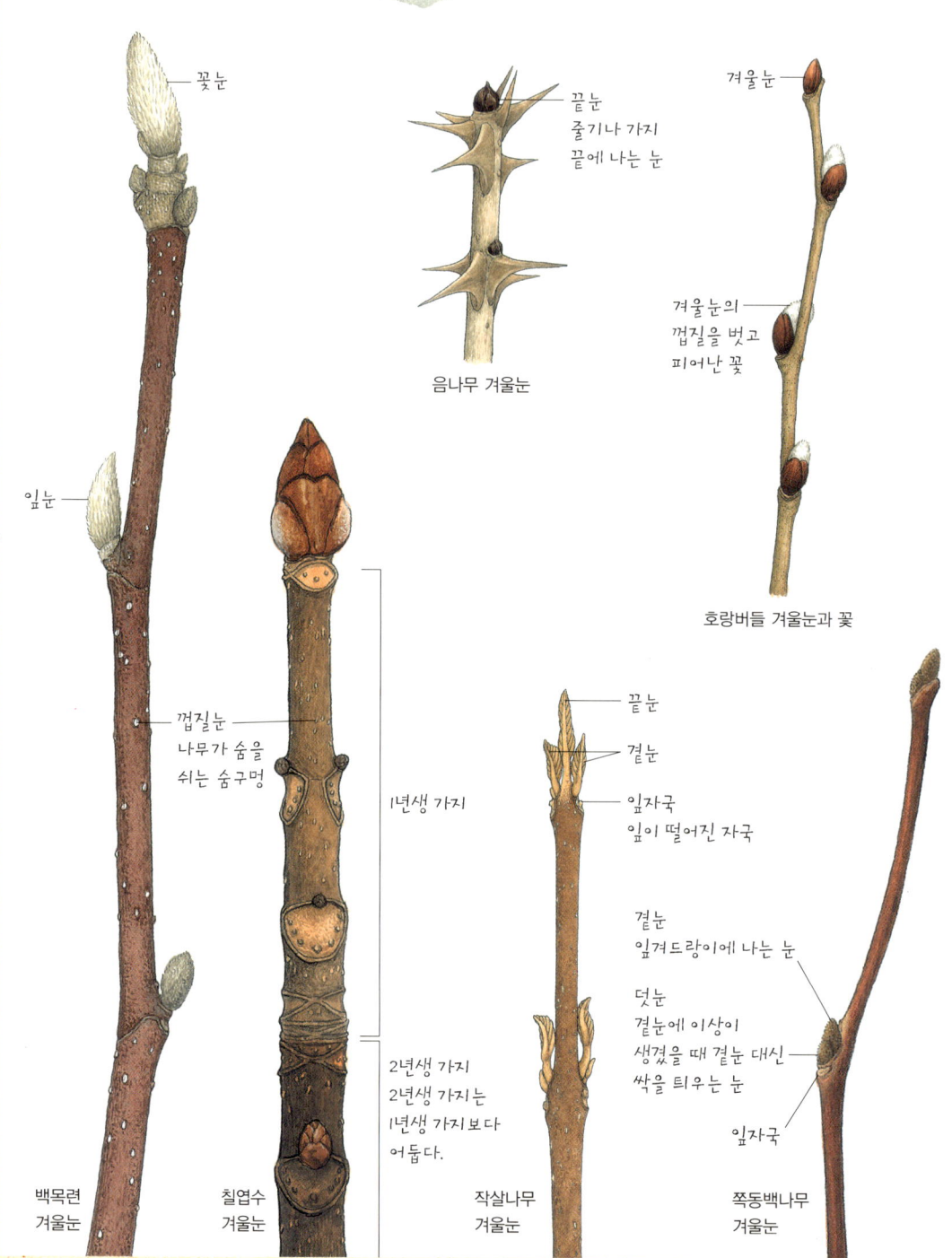

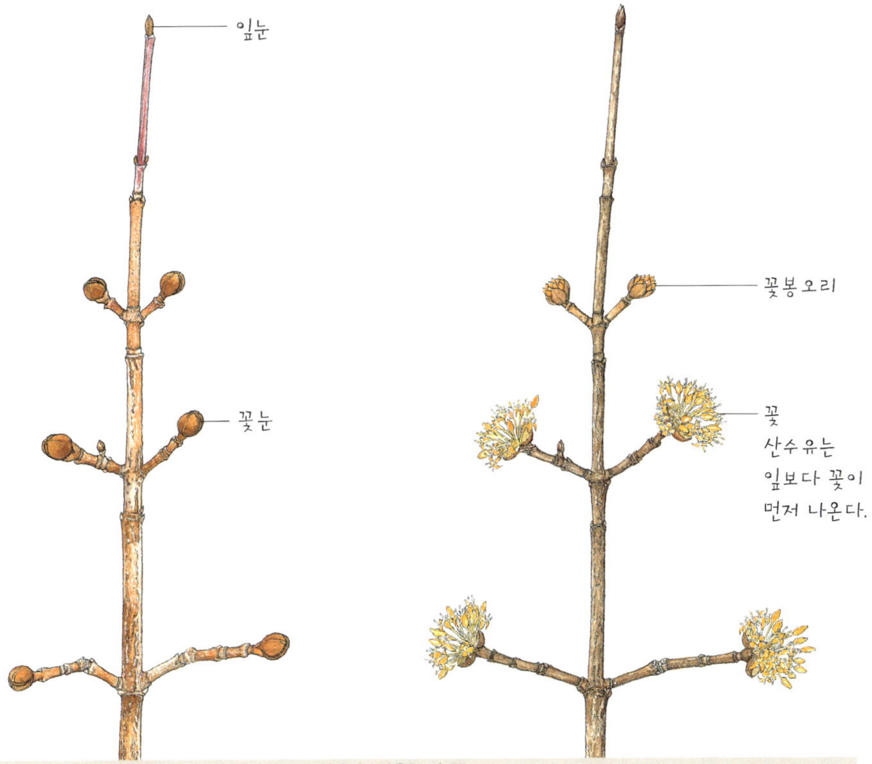

3. 식물의 지혜로운 변신

 산호를 따르는 식물, 히드라를 따르는 식물

　식물 세상에는 산호처럼 사는 식물도 있고, 히드라처럼 사는 식물도 있습니다. 먼저, 산호처럼 사는 식물들을 살펴보겠습니다. 이 식물들의 눈은 산호의 폴립처럼 어미 가지에 붙어살며 어미 가지가 주는 영양분을 먹고 자랍니다. 이렇게 어미 가지를 떠나지 않는 눈을 '붙박이눈'이라 합니다.

　붙박이눈을 가지고 있는 식물은 산호처럼 전체가 한 공동체이며, 먹이를 고루고루 잘 나눕니다. 차별이 가득한 사람 세상과는 사뭇 다르지요. 먹을 것이 넉넉하고 누구도 손해 보지 않으니 굳이 따로 나가 살 생각이 없습니다.

　한편, 식물 세상에는 히드라처럼 어미 식물을 떠나는 눈도 있습니다. 이 눈은 어미 식물에게 그대로 붙어 있다가는 자신도 말라 죽을지 모른다는 것을 일찌감치 알아차립니다. 자식을 먹여 살리는 데 힘을 다 쏟아서 어미 식물은 이미 맥이 다 빠져 있으니까요. 그래서 어린눈은 새로운 땅을 찾아 자신의 힘으로 살아가려고 길을 떠납니다. 이런 눈을 '독립하는눈'이라 합니다.

　독립하는눈이 뿌리를 내리고 흙에서 영양분을 빨아들이기까지는 웬만큼 시간이 걸리게 마련입니다. 그때까지 눈은 배고픔을 이기고 살아남아야 합니다. 그러려면 어떻게든 먹을 것을 미리 챙겨야 하지요. 그래서 독립하는눈은 저마다 독립하는 모습이 다르고 특별합니다. 여러 종류의 독립하는눈을 살펴봅시다.

 독립하여 스스로 자라는 구슬눈

독립하는눈의 좋은 예로 파브르는 참나리를 꼽았습니다. 참나리는 줄기의 잎겨드랑이에 눈을 달고 있습니다. 이것은 구슬을 닮았다 하여 '구슬눈'이라고 합니다. 이 구슬눈은 독립하는눈이면서 겨울눈이지요. 그런데 여느 겨울눈처럼 눈비늘 조각을 입지 않고 그냥 비늘 조각을 입고 있습니다. 비늘 조각은 눈비늘 조각보다 도톰하고 부드럽고 즙이 많습니다. 하지만 이 비늘 조각도 눈비늘 조각처럼 겨울눈을 보호하는 역할을 하지요. 그리고 한 가지 더, 바로 영양분을 채워 두는 역할을 합니다. 비늘 조각의 겉모습이 눈비늘보다 좀 더 도톰한 까닭이 여기에 있습니다.

구슬눈에 영양분을 채워 두는 까닭은 언젠가는 어미 식물을 떠나야 하기 때문입니다. 여름이 끝나갈 무렵부터 추위가 다가오기 전인 10월까지 대부분의 구슬눈은 어미 식물에게 마지막 인사를 하고 사뿐히 떠납니다.

어미 식물을 떠난 구슬눈은 공기의 숨결이 데려다 준 땅에 살포시 내려앉습니다. 그리고 비늘 조각에 들어 있는 영양분을 조

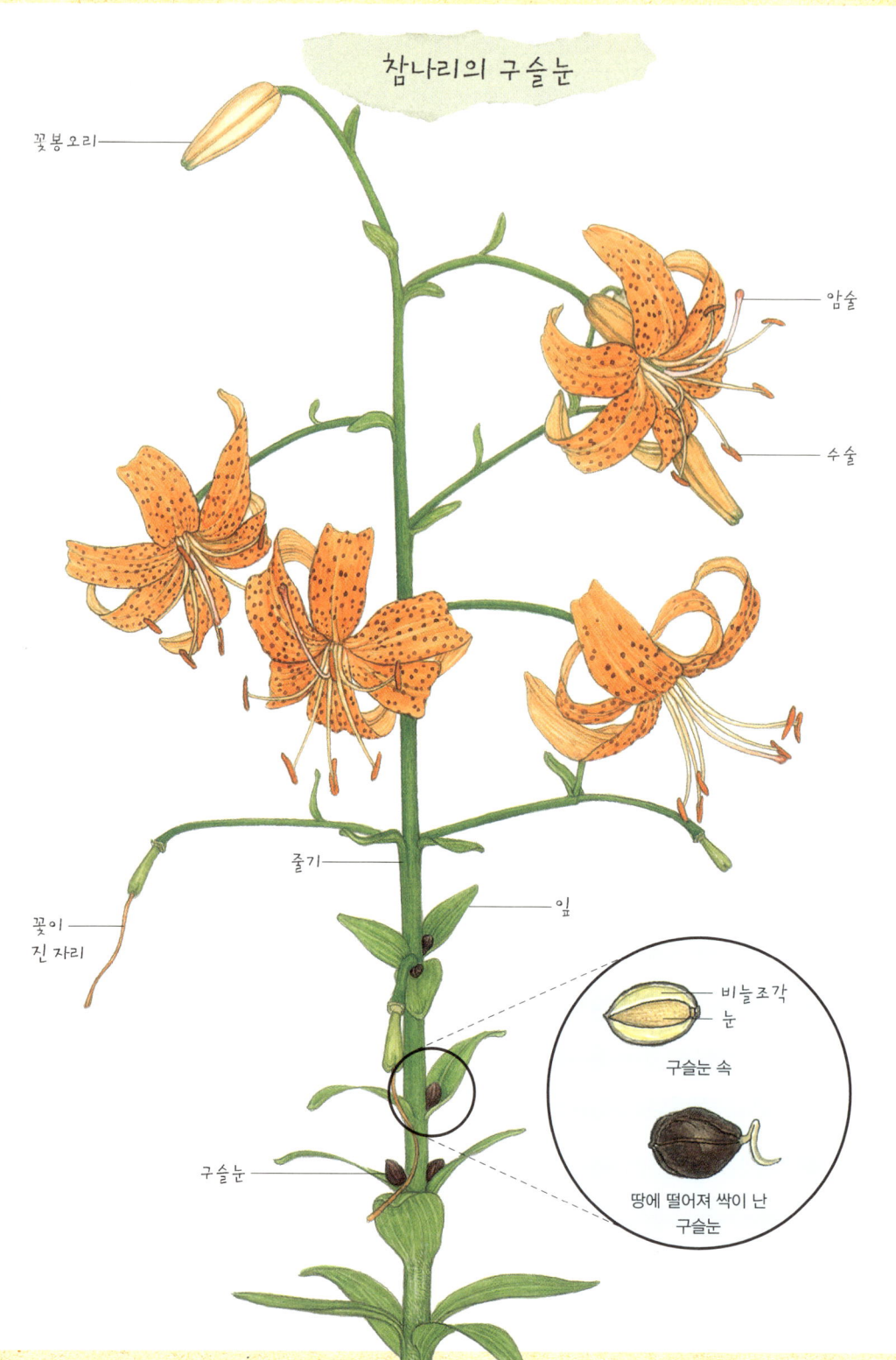

금씩 꺼내어 먹으며 때를 기다립니다. 곧 가을바람이 불고 가을비가 내리기 시작합니다. 낙엽과 흙이 구슬눈을 덮습니다. 마침내 구슬눈은 뿌리를 내리고 겨울을 납니다. 그리고 봄이 되면 파란 잎을 내밀어 무럭무럭 자라나서 한 그루의 훌륭한 참나리가 됩니다.

비늘잎으로 둘러싸인 양파의 눈

 추운 겨울에 살아남기 위해 비늘 조각을 만들어 영양분을 저장하는 독립하는눈을 가진 식물로 파브르는 양파를 하나 더 꼽습니다.
 양파의 비늘 조각은 본디 잎입니다. 영양분을 잔뜩 머금은 잎들이 그 모습을 바꾸어서 식량 창고가 된 것입니다.
 양파를 기르다가 싹이 나면 세로로 한 번 잘라 보세요. 새로 나는 잎과 비늘 조각이 이어져 있는 것을 볼 수 있습니다. 양파의 뿌리는 줄기 아래에 붙어 있는 하얀 실뿌리이고 양파의 줄기는 뿌리 바로 위에 볼품없이 눌려 있습니다. 게다가 몹시도 짧습니다.
 양파가 두툼한 비늘 조각을 겹겹이 입어 비늘잎에 영양분을 저장하는 까닭은 요리사의 솜씨를 돋보이게 하기 위해서가 아닙

니다. 여느 독립하는눈과 같이 자신을 보호하면서 추운 겨울을 나려는 속셈이며, 여기에 식량도 미리 챙긴 것입니다.

  시골집 헛간에 매달아 놓은 양파를 본 적이 있나요? 한겨울이 지나서 날씨가 풀리면 양파도 서서히 봄을 맞이합니다. 이윽고 여러 겹으로 된 비늘 조각의 가장 안쪽에서 파릇한 새싹이 올라오지요. 이때부터 새싹은 추위로부터 자신을 감싸 주던 비늘 조각을 아주 빠르게 먹어 치웁니다. 두툼했던 비늘 조각은 어느새 주름이 생기고 비쩍 말라갑니다. 만약 이때까지도 농부가 양파를 땅에 심어 주지 않는다면 쌓아둔 영양분은 어느새 바닥이 나고 결국 양파는 말라 죽고 말 것입니다.

 ## 감자는 뿌리일까 줄기일까?

  독립하는눈 가운데에는 잎이 아닌 줄기가 영양분을 마련하는 것도 있습니다.

 본디 줄기는 땅 위에서 하늘을 우러르며 푸른 잎을 펼치고 싶어 합니다. 햇빛을 듬뿍 받으며 자라서 아름다운 꽃을 피우는 것을 자신의 운명이자, 살아가는 기쁨으로 여기지요. 그런데 그 일을 그만 포기하고 땅속에 머무르는 줄기가 있습니다. 줄기가 이렇게 삶의 기쁨을 희생하는 것은 다름 아닌 눈 때문이지요.

 눈을 위해 기꺼이 자신을 바치는 이 줄기를 보며 파브르는 '희생'이라는 단어가 어울린다고 했습니다. 그도 그럴 것이 눈을 위해 영양분을 불룩하게 채우고 있는 땅속줄기는 도무지 줄기처럼 보이지 않으니까요. 줄기가 너무 퉁퉁하고 굵기 때문에 아예 '덩이줄기'라고 부릅니다. 하지만 아무리 못생겼어도 줄기인 것만은 틀림없습니다.

 내세울 만한 덩이줄기로는 감자가 있습니다. 감자는 땅속에 묻혀 있어서 흔히 뿌리로 생각하기 쉽지만 엄연한 줄기입니다.

 몇 가지 증거를 대 볼까요? 뿌리에는 잎이 달리지 않습니다. 그뿐만 아니라 뿌리에는 눈이 생기지 않습니다. 목숨이 왔다 갔다 하는 아주 특별한 때 말고는 눈을 틔우는 일은 뿌리의 몫이 아닙니다. 그런데 감자 곳곳에는 눈이 있습니다. 감자의 겉을 살펴보면 여기저기 움푹 파인 곳이 있습니다. 이게 바로 눈이지요. 이 눈이 땅속에 들어가 싹을 틔우고 잔가지가 되고 잎을 펼칩니다. 그러니 감자는 뿌리가 아니라 줄기입니다.
 한 가지 더 있습니다. 감자가 뿌리라면 녹색으로 변할 까닭이 없습니다. 하지만 줄기에는 엽록소가 있기 때문에 빛을 받으면

뿌리

덩이줄기

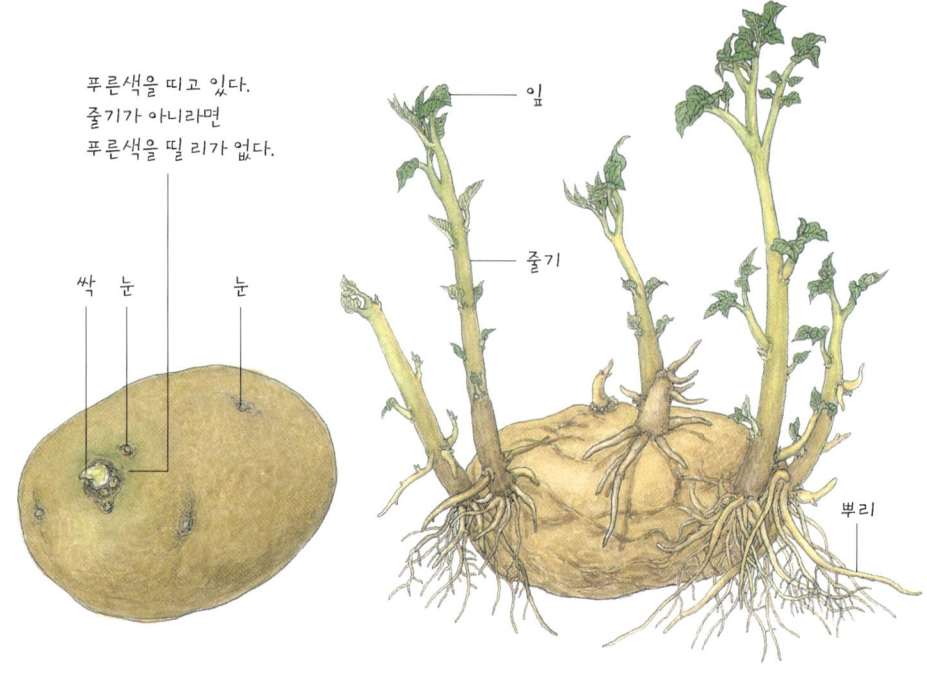

녹색으로 변합니다. 감자도 빛을 받으면 녹색으로 변하지요.

그래도 믿기지 않나요? 증거는 더 있습니다. 땅 위로 나와 있는 감자 줄기 둘레에 흙을 덮어 그 모양이 어떻게 변하는지 살펴보는 것입니다. 이 줄기는 흙 속에 묻히면 그만 덩이줄기인 감자로 바뀝니다. 그런가 하면 비가 많이 오고 햇볕이 적어 어두운 날이 계속될 때 땅 위로 올라온 줄기가 착각에 빠지기도 합니다. 자신이 땅속에 있는 줄 알고 땅속 덩이줄기와 비슷한 모양으로 땅 위의 줄기를 퉁퉁하고 굵게 바꿉니다. 이만하면 감자가 뿌리가 아니라 줄기라는 사실을 받아들일 만하지요?

파브르가 살던 시대나 지금이나 감자를 심는 방법은 한결같습니다. 농부는 이른 봄에 감자를 조각조각 자릅니다. 무턱대고 자르는 것이 아니라 한 조각에 눈이 하나라도 붙어 있게 자릅니다. 그런 다음 눈이 위쪽을 향하게 해서 땅에 심습니다. 이때 덩이줄기에 붙어 있는 눈은 넉넉한 식량이 마련되어 있음을 알아차립니다. 그리고 그때부터 그 영양분을 먹고 자랍니다.

  파브르는 감자가 덩이줄기 식물이라는 사실을 어떻게 알았을까요? 파브르는 과학자이기에 앞서 농부의 아들이었습니다. 파브르가 태어나고 자란 생레옹 지방은 가난한 산골 마을이었지요. 사람들은 가파르고 거친 산을 일궈 감자를 심었습니다. 감자는 겨울나기에 꼭 필요한 식량이었습니다. 파브르는 어릴 적부터 감자를 심고 거두는 것을 수없이 보았습니다. 그리고 감자 농사를 거들기도 했습니다. 그래서 감자는 파브르가 가장 많이 관찰한 식물입니다. 덩이줄기 식물인 감자의 특성을 어느 누구보다 알기 쉽게 알려 줄 수 있는 것도 그 때문입니다.

고구마는 뿌리다

  감자 이야기가 나왔으니 이참에 고구마 이야기도 해 보지요. 집에서 고구마를 물재배 해 보는 것은 어떨까요? 전혀 어렵지

물재배하는 고구마
한쪽 끝에는 뿌리가, 다른 쪽 끝에는 잎이 몰려 자란다. 이 잎들은 끊어진 줄기 끝에서 싹을 틔운다.

줄기가 끊어진 자리 근처에서 새싹이 돋는다.

않습니다. 컵이나 그릇에 물을 채우고 싹이 난 고구마를 올려놓으면 그만입니다. 그렇게 해 두면 푸르고 예쁜 잎이 돋아나 웬만한 화초 못지않게 싱그럽게 자랍니다.

자, 이 고구마를 좀 더 꼼꼼히 들여다보겠습니다. 고구마의 눈은 여기저기 흩어져서 돋는 게 아니라 한쪽 자리에 몰려서 돋습니다. 이렇게 눈이 모여 있는 곳에 싹이 모여 납니다. 이 싹은 지난 해에 줄기가 끊어진 자리에서 납니다. 한편 싹이 돋아나지 않은 나머지 부분에는 하얀 잔뿌리가 가득 생겨납니다. 감자와는 사뭇 다릅니다. 감자는 덩이줄기의 여기저기에서 싹이 돋습니다. 이렇게 다른 모습은 감자는 덩이줄기요, 고구마는 덩이뿌리라는 증거가 됩니다. 모양만 닮았을 뿐, 실제로 감자와 고구마는 이렇게 큰 차이가 있습니다.

  덩이줄기처럼 덩이뿌리도 눈을 키워 내는 데 한몫을 합니다. 덩이뿌리도 영양분을 쌓아 두고 있기 때문에 여느 뿌리보다 훨씬 더 통통하지요.

  지금까지 살펴본 식물들을 모두 기억하나요? 그 눈들을 기억

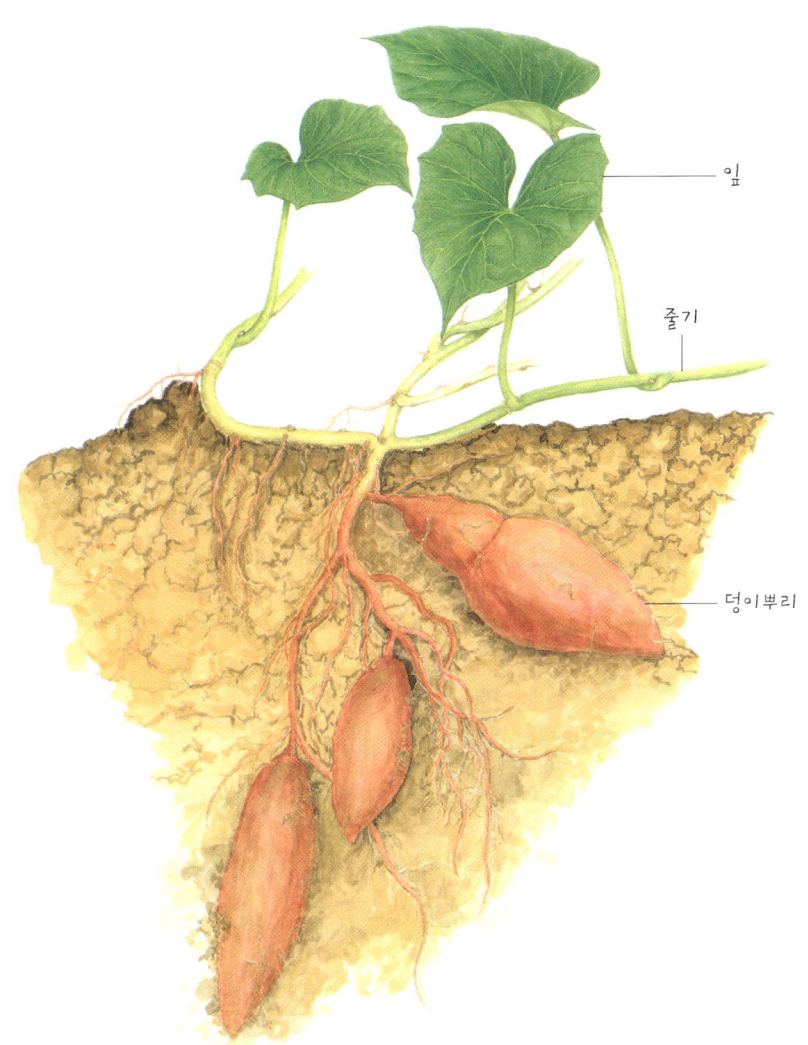

하나요? 참나리, 양파는 자신의 잎을 두툼한 비늘 조각으로 살찌웁니다. 감자는 줄기를 뚱뚱하게 만들어서 눈을 키우고, 고구마는 통통한 뿌리가 그 일을 도맡습니다. 이렇게 저마다 독립하는눈의 모습은 다르지만 목적은 하나입니다. 다음 세대를 준비하는 것이지요. 한 기관을 희생하거나 모양을 바꾸어서라도 앞날을 미리 준비하는 것입니다.

　식물이 저마다의 슬기로 영양분을 마련해 어린눈에게 주는 것을 보면서 무엇을 느끼나요? 사람도 식물처럼, 언젠가는 부모 곁을 떠나 독립하게 마련입니다. 그리고 자신도 부모가 되어 아들딸을 키울 것입니다. 우리도 부모에게서 사랑을 받았으니, 받은 그 내리사랑을 언젠가는 베풀 때가 있을 것입니다. 그때를 위하여 좋은 습관, 바른 마음으로 자신을 잘 가꾸어야 합니다.

4.
쓰러진 밤나무의 역사, 나이테 이야기

🌿 나무의 더불어 살기

식물은 왜 흙에 뿌리를 내고, 대기에 잎을 펼칠까요? 영양분을 얻기 위해서입니다. 너무 뻔한 질문에 뻔한 대답이라 새삼스럽나요? 하지만 그 뻔한 대답이 그만큼 식물에게는 중요한 일이랍니다.

뿌리가 영양분을 얻는 이야기부터 살펴볼까요? 구슬눈, 비늘줄기, 덩이줄기와 같이 어미 식물을 떠나 사는 독립하는눈들은 뿌리 내리기를 어려워하지 않습니다. 이들은 대부분 흙에 뿌리를 뻗기만 하면 되니까요.

하지만 가지에 붙어사는 붙박이눈에게는 꿈같은 일입니다. 땅에서 한참 떨어진 높다란 곳에서 사는 눈이 저 아래 흙에 닿기 위해 뿌리를 벋는 건 상상할 수 없는 일이지요. 게다가 영양분을 혼자 마음대로 꺼내 먹을 수도 없습니다.

어떻게 하면 이 문제를 풀 수 있을까요? 아무리 머리를 짜 내어도 딱히 답이 떠오르지 않습니다. 그런데 나무의 눈은 슬기롭게 이 문제를 풀었습니다. 파브르는 이것에 대해 나무의 눈들이 '더불어 살기'로 뜻을 모았다고 말합니다. 혼자서는 어찌할 수 없는 문제도 열 명, 백 명이 모이면 풀리게 마련이지요. 사람들은 이 원리를 잘 잊어버리지만 나무는 그렇지 않습니다. 자, 이

제 눈들이 어떻게 더불어 살기를 하는지 살펴보겠습니다.

 나무 속에는 커다란 수도관이 연결되어 있습니다. 이 수도관은 물과 영양분을 실어 나르는데, 뿌리, 줄기, 가지를 거쳐 눈까지 연결됩니다. 저마다의 눈이 뿌리를 내리지 못하니, 수도관이 이 일을 대신하여 눈과 흙을 이어 주는 것입니다. 이 수도관은 줄기 안에 있되 굵은 가지와 잔가지에 빠짐없이 이어져 있습니다. 그래서 하나하나의 눈에 물과 영양분을 골고루 나눠 줍니다.

 이 수도관은 하나인 것 같지만 자세히 살펴보면 세 종류가 다발로 묶여 있습니다. 그래서 관다발이라 부릅니다. 세 종류의 관

나무 줄기 속

생장

지난해 물관부
물관부
유관속 형성층 } 관다발
체관부
지난해 체관부

코르크형성층
코르크층

↑ 상승수액
↓ 하강수액

지난해 물관부 지난해 만들어졌던 물관부.
물관부 물이 이동하는 통로. 올해 만들어진 물관부.
유관속형성층 물관과 체관을 만들어 내는 곳.
체관부 영양분이 이동하는 통로. 올해 만들어진 체관부.

지난해 체관부 지난해 만들어졌던 체관부.
코르크형성층 코르크층을 만들어 내는 곳.
코르크층 이 부분은 계속 떨어져 나간다.

은 물관, 형성층, 체관을 말합니다. 가장 안쪽에 있는 것이 물관, 그 다음이 형성층, 그 다음은 체관입니다. 체관은 나무껍질의 바로 안쪽에 있지요.

나무의 눈들이 더불어 살기 위해 이 큰 수도관, 다시 말해 관다발을 만들고 나면 작은 잔뿌리들이 돋아나 흙 속으로 벋어 나가기 시작합니다. 이것이 수십 미터 높이에 붙어사는 붙박이눈이 흙에 잇닿은 방법이지요. 작고 작은 눈들이 힘을 합해 큼직한 일을 해낸 것입니다.

올라가는 수액, 내려가는 수액

앞에서도 말했지만 양파의 독립하는눈은 비늘줄기입니다. 비늘줄기를 가진 식물들은 자신이 식물 세상에서 제법 부자라고 생각합니다. 자신의 재산으로 떳떳하게 살아가니까요. 하지만 이 비늘줄기를 땅에서 1미터쯤 떨어진 곳에 올려놓으면 어떻게 될까요? 비늘줄기는 뿌리를 흙 속에 벋으려고 안간힘을 다하겠지만 결국 포기하고 말 것입니다.

이와는 달리, 관다발을 만드는 눈들은 가진 재산은 다르지만, 더불어 열심히 일해서 살아갑니다. 다행히 그 일은 그리 복잡하거나 어렵지는 않습니다.

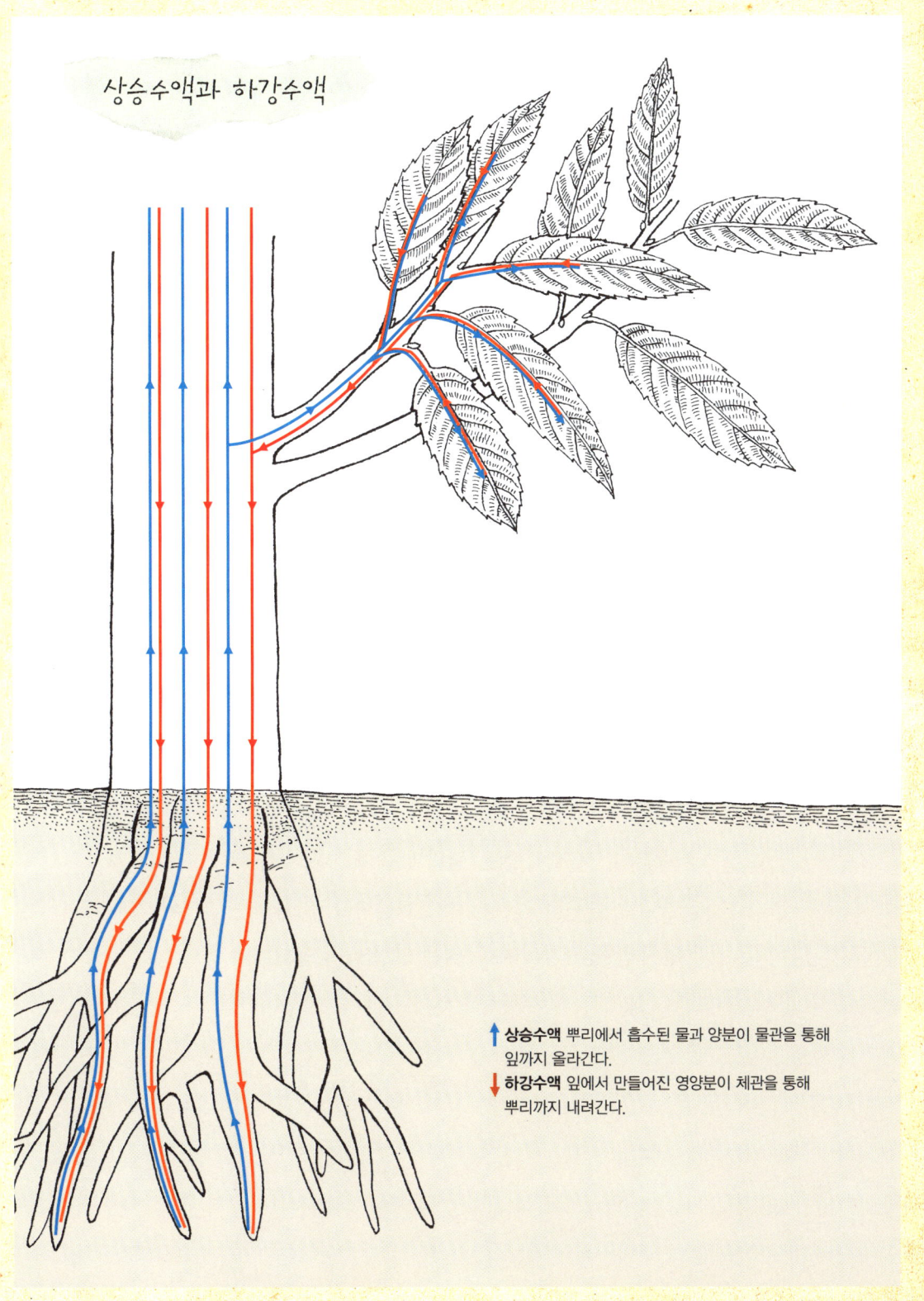

가지와 잎을 펼친 눈들은 열심히 일하여 모은 재산 가운데 가장 좋은 것을 체관으로 한 방울씩 흘려보냅니다. 이럴 때 나무 속은 시끌벅적하지요. 부자 눈, 가난한 눈, 강한 눈, 약한 눈, 큰 가지에 사는 눈, 작은 가지에 사는 눈, 어느 누구 할 것 없이 모두가 팔을 걷어붙이고 나섭니다. 저마다의 눈이 내놓은 이 한 방울 한 방울은 한데 모여 관다발의 체관을 가득 채웁니다. 이렇게 모인 액을 수액이라 부릅니다. 눈이 만든 최고의 영양분이 이 수액 속에 들어 있지요.

수액은 한 가지 종류만 있는 것이 아닙니다. 잎에서 뿌리로 내려가는 수액도 있지만 뿌리에서 잎으로 올라가는 수액도 있지요. '위로 올라가는 수액'을 '상승수액'이라 하고 '아래로 내려가는 수액'을 '하강수액'이라 합니다. 상승수액은 뿌리가 흙에서 빨아들인 물과 영양분입니다. 체관으로는 흐르지 않고 물관으로만 흐릅니다. 하강수액은 잎에서 새로 만든 영양분인데 체관으로만 흐르지요.

나무의 두 가지 수액은 관다발 속에서 사계절 내내 흐르는 것이 아니라 봄부터 가을까지만 흐릅니다. 겨울에는 줄기와 가지가 얼지 않을 만큼의 아주 적은 양만 남겨 둡니다.

형성층과 나이테

 물관이 상승수액을, 체관이 하강수액을 실어 나르는 동안 형성층은 무슨 일을 할까요? 형성층에서는 새로운 세포가 계속 생겨나 그해의 새로운 체관과 물관을 만듭니다. 해마다 나무줄기가 굵어지는 것은, 해마다 켜켜이 불어나는 이 형성층 덕분입니다. 이렇게 '한 켜 한 켜 불어난다' 하여 형성층을 '부름켜'라 부르기도 합니다.

 지난해에 만들어진 물관 바깥쪽으로는 새 물관이 생기고, 지난해에 만들어진 체관 안쪽으로는 새 체관이 생깁니다. 그러므로 형성층을 가운데에 두고 체관은 바깥쪽으로 갈수록, 물관은 안쪽으로 갈수록 오래 묵은 부분이 됩니다.

 그런데 해마다 새로운 물관과 체관이 만들어지면서, 특별한 것이 생기는데 그것이 바로 나이테입니다. 나이테가 만들어지는 것은 체관보다는 물관과 관계가 깊습니다. 실제로 체관은 나무껍질에 해당되기 때문에 시간이 지나면 떨어져 나갑니다. 그런데 같은 해에 만들어진 형성층의 물관 세포라도 계절이나 환경에 따라 조금씩 모양이 다릅니다. 봄과 여름에는 햇빛과 물이 넉넉하므로 큰 세포들을 빠르게 만듭니다. 그리하여 물관의 색깔이 엷고 부드러우며 짜임새가 엉성합니다. 이 부분을 '춘재(春

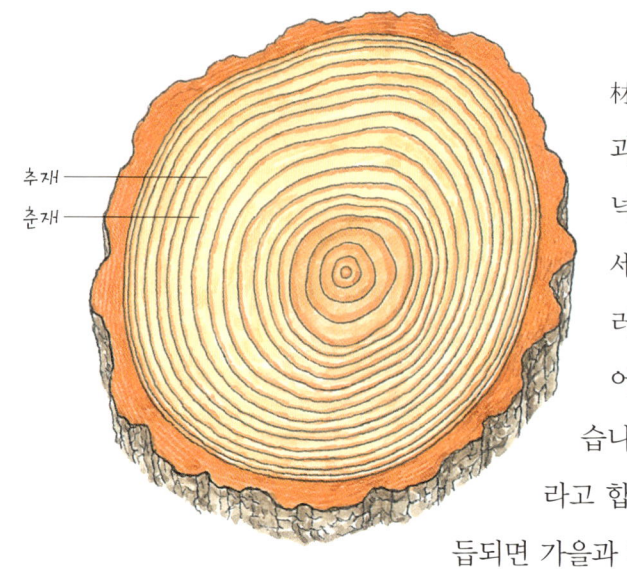

材)'라고 합니다. 반대로 가을과 겨울에는 햇빛과 물이 넉넉하지 않아서 작고 단단한 세포를 천천히 만듭니다. 그러다 보니 물관의 색깔도 짙어지고 짜임새가 빈틈이 없습니다. 이 부분을 '추재(秋材)'라고 합니다. 해마다 이런 일이 거듭되면 가을과 겨울에 만들어진 물관 부분만 짙은 색의 고리처럼 보이게 됩니다. 이것이 한 해에 하나씩 생겨나므로 나무의 나이를 세는 표시가 되지요.

그러면 가을과 겨울이 없는 열대 지방의 식물은 어떨까요? 한 해 동안 햇빛과 물이 두루 많으니 형성층의 물관 세포도 고루고루 자랍니다. 다시 말해 짙은 색깔의 고리가 생기지 않지요. 그래서 나이테를 찾아볼 수 없습니다.

한편, 나이테는 숲 속에서 길을 잃었을 때 방향을 찾게 해 주는 길잡이가 되기도 합니다. 북쪽이냐 남쪽이냐에 따라 나이테의 간격이 다르기 때문이지요. 대부분 북쪽의 간격이 좁고 남쪽의 간격이 넓습니다. 햇빛이 잘 드는 따뜻한 남쪽은 형성층의 세포가 빠르고 크게 자라서 간격이 넓습니다. 반대로 햇빛을 덜 받는 북쪽은 그렇지 못해서 간격이 좁습니다.

🌿 나이테는 나무의 역사

그림은 어린 참나무 줄기를 가로로 자른 모습입니다. 줄기의 가장 안쪽에서 시작하여 바깥쪽으로 가면서 여섯 개의 테가 있으므로 이 나무는 여섯 살입니다.

나이테는 모든 줄기와 가지에 있습니다. 줄기의 나이테는 줄기가 생긴 해부터, 가지의 나이테는 그 가지를 펼친 해부터 생겨나지요. 특히 나무 밑동, 다시 말해 뿌리와 가장 가까운 부분인 원줄기에는 나무의 나이와 같은 겹의 나이테가 있습니다. 그러니 나무의 역사를 제대로 알려면 원줄기의 나이테를 보는 것이 좋습니다.

누구나 나이테로 나무의 역사를 읽을 수 있습니다. 여러분에게도 그런 기회가 오기를 바랍니다. 파브르는 어떤 식으로 나무의 역사를 읽었을까요?

어느 날, 파브르는 좀 특별한 밤나무를 만났습니다. 아침나절에 나무꾼이 도끼로 찍어 쓰러뜨린 밤나무

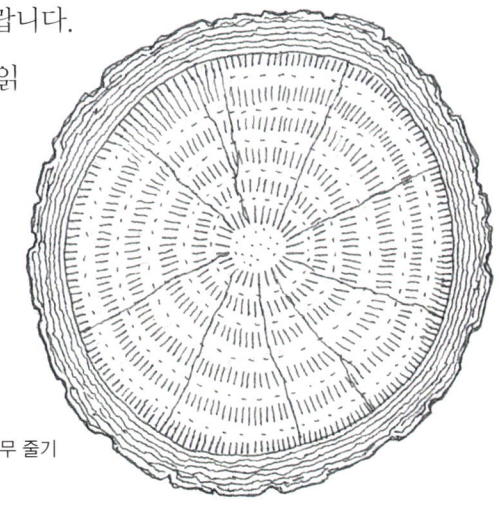

어린 참나무 줄기

였습니다. 서 있을 때는 제법 우람했던 밤나무의 마지막이 너무도 슬프고 끔찍하여 파브르는 마음이 아팠습니다. 파브르는 밤나무에게 다가가 잘린 줄기를 안타깝게 내려다보았습니다. 그리고 이내 밤나무가 어떤 세월을 살았는지 하나둘 밝혀내기 시작했습니다.

"1800년에 태어났으니 올해 일흔 살이었군. 사람으로 치면 많은 나이이지만 밤나무한테는 그리 많은 나이가 아니지. 나무꾼의 도끼만 아니었다면 500년이나 600년은 더 살 수 있었을 거야.

처음 몇 년은 아무 걱정 없이 자랐어. 아주 꼿꼿하고 반듯하게 자랐네. 땅도 아주 좋았고. 하지만 행복은 몇 년 가지 못했겠는걸. 뿌리 가까운 곳의 영양분을 다 먹어 버렸으니 좀 더 먼 곳까지 뿌리를 뻗어야 했을 거야. 그런데 왼쪽이 돌밭이라 뿌리를 뻗기 힘들었겠어. 어쩔 수 없이 한쪽은 굶주렸군. 여기 영양실조로 노랗게 변한 흔적이 있잖아. 그런데 주인이 이것을 알고 돌을 치워 주었나 봐. 얼마 안 가 다시 건강해졌어.

오른쪽 배에도 작은 흔적이 있는데 음……, 이것은 옆에 있던 참나무와 다투었던 흔적 같군. 아마도 햇빛을 더 많이 받으려고 다투었거나, 좋은 흙에 뿌리를 더 뻗으려고 다투었겠지. 그런데 밤나무가 이겼어. 글쎄, 뜻밖의 태풍이라도 불어왔는지, 주인이 참나무를 베었는지, 어쨌든 옆에 있던 참나무가 뿌리째 쓰러진 것 같아. 다시 평화를 되찾았어.

 열매를 맺을 무렵에는 힘겨웠겠네. 열매를 만드는 일에 영양분을 다 쏟아서 이 해의 줄기는 조금도 살이 오르지 못했어. 이대로는 해마다 열매를 맺긴 힘들었겠어. 그래서 한 해 열매를 맺으면 3년 동안 열매를 맺지 않고 쉬었군. 다시 열매를 맺을 정도로 몸을 튼튼하게 되돌리는 데에 3년이 필요했던 거야.

 가뭄이 들었던 해가 있었군. 겨울이 너무 추웠던 적도 있고. 여기 나무껍질 바로 아래에 있던 층은 동상에 걸렸던 거야. 맞아, 내 기억으로도 1829년과 1858년 겨울은 정말 추웠지. 날아가던 까마귀가 얼어붙어서 떨어지기도 했던 겨울이었지……."

 마치 밤나무의 끝없는 비밀을 캐내기라도 하듯 파브르는 나이테를 계속해서 살폈습니다. 그나저나 밤나무는 위로가 되었을까요? 말 못하는 자신의 마음을 헤아리고, 자신의 삶에 관심을 가져 준 파브르 같은 사람이 있었으니까요.

🌿 나이테에 적힌 진실

 파브르가 말해 주는 밤나무 이야기는 이쯤에서 끝납니다. 하지만 궁금증은 이제부터 시작입니다. 파브르는 밤나무가 살아온 이야기를 어떻게 다 알아낼 수 있었을까요?

먼저, 밤나무가 1800년에 태어났고 나이가 일흔 살이라는 것은 나이테를 세어 알았을 것입니다. 나무를 벤 연도에서 나무의 나이만큼 거슬러 올라가면 처음 싹이 튼 해를 셈할 수 있지요.

그 다음, "처음 몇 년은 아무 걱정 없이, 아주 꼿꼿하고 반듯하게 자랐다."고 말한 것은 가장 안쪽에 있는 나이테의 결이 매우 고른 모양을 나타내었기 때문입니다. 그 반대로, 자라날 때의 환경이 좋지 않았다면, 나이테의 한쪽 폭이 좁고 다른 쪽 폭이 넓게 나타납니다. 예를 들면 뿌리가 나쁜 흙이나 돌과 맞닥뜨렸거나 아니면 옆 나무 때문에 가지를 제대로 벋지 못했거나, 옆 나무의 그늘 때문에 잎을 제대로 펼치지 못했을 수 있습니다. 같은 이유로, 밤나무의 나이테 결이 들쑥날쑥하다가 다시 고르게 나타난 것은 좋은 환경을 되찾았다는 뜻이지요.

밤나무가 밤톨이라도 만들기 시작하면 나이테의 두께는 한결같을 수가 없습니다. 나이테의 간격이 좁은 해는 밤톨을 많이 만들었고, 간격이 넓은 해는 밤톨을 적게 만들었거나 아예 만들지 않았던 해입니다. 왜냐하면 열매를 맺는 나무들이 어느 해에 꽤 많은 열매를 맺으면, 그해 줄기는 많이 자라지 못하므로 나이테의 간격이 좁아질 수밖에 없지요. 그리고 나무는 줄기의 힘을 되찾기 위해 얼마 동안 열매를 맺지 않습니다. 이런 때는 나이테의 간격이 다시 넓어집니다.

가뭄이 들 때에도 나이테의 두께는 좁아집니다. 뿌리가 물과 영양분을 제대로 빨아들이지 못하기 때문입니다. 그리고 겨울에 동상으로 세포가 죽으면, 나이테 사이사이에 갈색을 띤 채 반쯤 분해되었거나 심지어 썩은 부분이 드러나기도 합니다. 그해 겨울이 다른 해에 견주어 몹시 추웠다는 증거이지요. 이런 식으로 파브르는 밤나무의 삶에 얽힌 비밀을 풀 수 있었습니다.

🌱 오래 사는 나무들

파브르는 안타까운 마음으로 밤나무를 바라보며 500년이나 600년은 더 살 수 있었을 거라고 얘기했습니다. 그것은 떠벌린 말이 아닙니다. 나무는 수백 년에서 수천 년을 살 수 있습니다. 해마다 새로 생기는 형성층이 있기 때문입니다. 줄기의 안쪽은 해마다 늙어 죽지만 형성층이 있는 바깥쪽은 오히려 젊어집니다. 피라미드를 만들던 때에 태어났던 홍해의 산호 이야기를 기억하나요? 산호 못지않게 나무도 오래 삽니다. 파브르가 소개해 주는 '오래 사는 나무들'을 만나 볼까요?

프랑스 노르망디 알로빌에는 성당으로 쓰이는 참나무 한 그루가 있습니다. 1696년 한 사제가 성모 마리아에게 바치는 성당을 이 참나무 속에 지었지요. 이 나무의 가지 위, 성당 2층에는 수

프랑스 노르망디 알로빌 참나무

도자들이 기도하는 방도 있습니다. 심지어 작은 종각까지 딸려 있지요. 나무의 밑동 둘레가 10미터쯤 되는 이 나무의 나이는 천이백 살입니다. 이 늙은 참나무는 철봉 따위에 기대어 있긴 하지만, 지금도 새 가지를 벋고 싱싱한 잎을 펼칩니다. 한때 벼락을 맞기는 했어도 여전히 사람들의 찬사를 받으며 지난 세월을 추억하고 다가올 세월을 내다보고 있습니다.

이탈리아 반도의 남쪽, 지중해 앞바다 시칠리아 섬에는 화산을 내뿜는 에트나 산이 있습니다. 이곳 산등성이에 있었던 유럽 밤나무는 세계에서 가장 우람한 나무로 손꼽혔지요. '말 백 필의 밤나무'라는 별명도 갖고 있었습니다. 16세기에 아라곤의 한 여왕이 백 마리의 말과 군사들을 이끌고 가다가 이 나무 아래에서 비바람을 피했다고 해서 붙여진 이름이지요. 이 나무의 둘레는 약 58m인데 어른 서른 명이 손을 잡고 둘러서도 다 보듬지 못했습니다. 나무줄기가 아니라 무슨 요새나 탑 같이 느껴지지요. 이 나무의 나이는 3천 살이 넘었습니다. 이 나무는 파브르가 살던 시대만 하여도 푸르게 살아 있었지만 지금은 볼 수 없게 되었습니다. 행운을 부르는 부적을 만들기 위해 사람들이 나무껍질을 조금씩 떼어 내곤 했는데, 이것이 이 우람한 나무를 죽게 만든 원인이 되었지요.

미국 캘리포니아 시에라네바다 산맥 기슭에는 세쿼이아가 드

넓은 군락을 이루고 있습니다. 작은 것이라도 밑동 지름이 3미터쯤 되고, 아주 큰 것은 9미터나 됩니다. 키는 90미터가 넘게 자랍니다. 식물 세상의 공룡이라고 말할 수 있지요. 그런데 이 나무들은 오래전에 황금을 찾으러 다니던 사람들에게는 그다지 존경을 받지 못했나 봅니다. 어느 날 몇 사람이 톱과 도끼로 커다란 세쿼이아 한 그루를 쓰러뜨렸습니다. 이 나무의 지름은 9미터가 넘었습니다. 마치 지붕 위에 올라가듯 사다리를 타고 줄기에

세상에서 가장 큰 나무 제너럴 셔먼
자이언트 세쿼이아는 지구상에서 살아 있는 생명체 중에 가장 몸체가 큰 나무로, 키가 대략 83m, 몸무게가 약 1500톤, 나무 아래쪽 줄기의 폭이 30여 미터에 이른다. 이 나무에게는 미국 장군의 이름을 따서 '제너럴 셔먼'이라는 이름이 붙었다.

쓰러진 밤나무의 역사, 나이테 이야기 • 71

세상에서 가장 오래된 나무 캘리포니아 화이트 산의 브리슬콘 소나무
브리슬콘 소나무는 화이트 산(미국 캘리포니아 주)의 여러 곳에서 자라고 있다. 그 중 디스커버리 트레일에 있는 이 나무는 4천 년 이상 되었다.

마다가스카르의 바오밥나무
전체 모양이 마치 술통처럼 생겼다. 크게 자라는 나무로 유명하다. 주로 아프리카에 분포하며 아프리카 사람들은 이 나무를 신성하게 여긴다. 나무 몸통에 구멍을 뚫어 사람이 살기도 하고 시체를 매장하기도 한다.

올라가야 했지요. 이 나무의 껍질을 조각내지 않고 7미터쯤 통째로 벗겨서 마치 거실처럼 꾸몄습니다. 그랬더니 피아노 한 대와 의자 마흔 개를 놓을 수 있는 공간이 생겼습니다. 아이들 140명이 들어가서 게임을 할 만큼 넉넉했지요. 더욱 놀라운 건 이 거대한 나무의 나이테가 전혀 썩지 않고 또렷했는데, 세어 보니 적어도 3천 살이 넘었습니다. 3천 년 전이면 구약성경의 삼손이 살았던 때입니다.

서아프리카 세네감비아의 바오밥나무는 6천 년 전에 그곳에 뿌리를 내렸습니다. 바오밥은 원주민 말로 '천 년 나무'라는 뜻입니다. 바오밥나무와 비슷하게 생긴 용혈수도 오래 사는 나무입니다. 카나리아 제도 오로타바의 용혈수도 6천 살입니다.

주목도 오래 사는 나무로 손꼽힙니다. 스코틀랜드 포팅갈의 주목은 유럽에서 가장 오래된 주목으로 2천 년을 살았습니다. 우리나라에도 오래 산 나무가 많이 있습니다. 울릉도 도동항구의 절벽 위에서 자라는 향나무는

양평군 용문사 은행나무
(천연기념물 제30호)
전설에 따르면 이 나무의
나이는 대략 1100살쯤으로
추정된다. 키는 약 67미터
둘레는 약 14미터에 이른다.

1천 살이 넘은 우리나라의 나무들

위치	강원 정선 두위봉 주목	강원 영월 하송리 은행나무	경기 양평 용문사 은행나무	충남 금산 요광리 은행나무	강원 삼척 도계리 긴잎느티나무	제주 표선 성읍리 느티나무	충북 괴산 읍내리 은행나무	충남 금산 보석사 은행나무
추정 나이 (살)	1200~1400	1000~1300	1100	1000	1000	1000	1000	1000
크기 (단위 m)	높이 16.1 둘레 4.36	높이 29 둘레 14.8	높이 67 둘레 15.2	높이 24 둘레 12.4	높이 30 둘레 9.1	높이 20.5 둘레 12.3	높이 16.4 둘레 7.35	높이 34 둘레 10.72

무려 2000살이 넘었습니다. 천연기념물로 지정된 이 향나무는 절벽 꼭대기에서 아슬아슬하게 자라기 때문에 잘 자라지는 못합니다. 경기도 양평군 용문산에는 1100살쯤으로 추정되는 은행나무도 있습니다.

 지구의 역사와 인류의 역사를 다 보아온 나무들 이야기를 들으니, 100년 안팎으로 사는 사람들이 아주 작은 존재로 느껴집니다.

　이 나무들은 앞으로 얼마나 더 살게 될까요? 몇 백 년, 아니 몇 천 년을 더 살지도 모릅니다. 단, 한 가지 조건이 있습니다. 사람들의 욕심이 이 나무들을 괴롭히지 말아야 합니다. 욕심에 물든 손이 이 나무들에 닿으면, 에트나 산의 유럽밤나무처럼 다시는 되살리지 못한 채, 역사 속의 나무로 사라져 버릴지도 모르니까요.

5.
떡잎 한 장의 차이

 쌍떡잎식물과 외떡잎식물은 왜 알아야 할까요?

식물은 누가 높고 누가 낮으냐를 따지지 않습니다. 어떤 식물이든지 지구에 필요하다고 생각하기 때문에 모두가 평등하지요. 하지만 사람들은 그렇지 않습니다. 특히 식물학자들은 하등식물과 고등식물로 나누어 높고 낮음을 따지곤 합니다. 더욱이 이 일을 아주 중요하게 생각하여서 아예 '식물분류학'이라는 학문까지 따로 만들었지요. 식물들끼리 비슷한 점은 무엇인지, 다른 점은 무엇인지, 서로 어떤 관계가 있는지 갖가지 방법으로 나누고 정리하는 학문입니다.

그렇다면 식물학자들은 왜 이렇게 분류하기를 좋아할까요? 그것은 식물의 종류가 너무 많기 때문입니다. 아무리 훌륭한 식물학자라도 35만 종이나 되는 식물의 이름을 다 외우고 그 특성을 일일이 가려내기란 쉬운 일이 아니지요. 그런데 분류를 잘 해 놓으면 35만 종을 다 뒤적여 찾지 않아도 필요한 식물의 특성을 빨리 찾아낼 수 있습니다.

식물의 특성을 잘 알면 그 식물을 키우려 할 때 물, 햇빛, 온도, 거름이 얼마나 필요한지 금방 알 수 있습니다. 그뿐만 아니라 많은 양을 번식시키거나 새로운 변종을 만들려고 할 때에도 도움이 됩니다.

또 한 가지, 식물은 나라마다 지방마다 부르는 이름이 다르기 때문에 전 세계 어느 누구라도 똑같이 부를 수 있는 이름이 필요하지요. 그 이름을 '학명'이라고 하는데 학명을 지을 때에도 식물의 분류가 필요합니다. 사람들도 대륙, 나라, 민족, 도시, 마을, 도로, 가정마다 일일이 분류하여 이름이나 번호, 주소를 붙입니다. 이렇게 하면 누구라도 가려는 곳을 쉽게 찾아갈 수 있으니까요. 식물을 분류하거나 학명을 붙이는 것도 이와 같은 것입니다.

 파브르가 살았던 시대는 식물분류학이 지금처럼 발달하지 않았지만, 그 시절에도 식물을 가르는 가장 중요한 기준은 관다발이었습니다. 오늘날에는 '관다발이 있느냐 없느냐'의 기준 말고도 '광합성을 스스로 할 수 있느냐', '꽃을 피우고 열매를 맺느냐', '떡잎이 몇 장인가', '잎·줄기·뿌리가 있느냐', '씨방이 있느냐 없느냐' 들에 따라 복잡하게 분류합니다. 하지만 오늘날에도 고등식물과 하등식물을 가르는 가장 중요한 기준은 여전히 관다발입니다.

 그렇다면 관다발이 왜 고등식물과 하등식물을 가르는 기준이 될까요? 조류(뿌리, 줄기, 잎으로 구분되지 않고 포자로 번식하는 식물)처럼 관다발이 없는 하등식물은 물에서 삽니다. 몸 전체가 물에 맞닿아 있어서 물과 양분을 흡수하는 데 어려움이 없습니

죽은 나무에 생긴 운지버섯

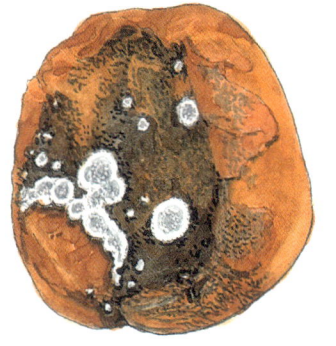

감에 생긴 곰팡이

다. 뿌리가 있긴 하지만, 지지하는 기능 외에는 별다른 기능을 하지 못하지요. 하지만 물이 아닌 땅에서 사는 식물은 육지 환경에서 살아남기 위하여 더 복잡한 모양으로 변화·발전해 올 수밖에 없었습니다. 물이 없는 대기에 드러나 있기 때문에 가지고 있는 물을 잃지 않아야 하니까요. 그리고 바람이나 비와 같은 여러 험한 환경에서도 쓰러지지 않고 버티어야 합니다. 또 뿌리에서 빨아들인 물과 영양분을 모든 기관에 골고루 운반해야 합니다. 이런 조건을 만족시키려면 아무래도 관다발이 꼭 필요하지요. 그래서 관다발이 없는 식물에서 관다발이 있는 식물로, 주변 환경에 따라 변화하고 적응·발전해 온 것이지요. 그래서 지금은 관다발이 있어야 육지 식물이고, 고등식물이라는 증거가 되는 셈입니다.

그런가 하면 파브르가 살던 시대에는 버섯이나 곰팡이 같은 균류를 하등식물에 넣었습니다. 하지만 오늘날에는 식물계도 동물계도 아닌 균계로 따로 분류하지요.

하지만 하등하다고 해서 완전하지 않다거나 불필요한 생명체라는 뜻은 아닙니다. 하등식물은 바위나 썩은 쓰레기와 같이 다른 식물들이 거들떠보지도 않는 곳에서 살고 있지만 이들이 하는 일은 그 어떤 식물 못지않게 중요합니다.

예를 들어 바위에 붙어사는 지의류는 그 바위를 부수어서 식물이 자라기에 좋은 포슬포슬한 흙으로 만듭니다. 나무껍질에 붙어사는 이끼류도 같은 일을 합니다. 이들이 없다면 지구는 죽은 동물과 죽은 식물이 뒤섞인 쓰레기장이 되고 말 것입니다. 그래서 파브르는 하등식물이야 말로 지구에 없어서는 안 되는 개척자이자 환경미화원이라고 말하였습니다.

그런가 하면, 고등식물과 하등식물의 중간에 드는 식물이 있습니다. 양치식물입니다. 양치식물은 고사리류를 말하는데, 꽃이 피지 않고 홀씨로 번식하는 것만 보면 민꽃식물(꽃이 피지 않고 포자를 이용해 번식하는 식물), 다시 말해 하등식물입니다. 하지만 뿌리·줄기·잎이 있고 관다발을 가지고 있기 때문에 고등식물로도 볼 수 있습니다. 그래서 양치식물을 고

이끼
이끼 식물은 꽃을 피우지 않는다. 대신 포자(홀씨)를 날려 번식한다.

고사리
고사리류도 이끼류와 마찬가지로 꽃을 피우지 않는다. 대신 잎 뒤에 포자(홀씨)가 생기는데 이 포자를 날려 번식한다.

고사리 포자

등 민꽃식물이라고도 합니다.

쌍떡잎식물의 앞선 기술

파브르가 살던 시대이든 오늘날이든, 하등식물과 고등식물을 가르는 기준에 관다발이 들어가는 것은 변함이 없습니다. 관다발을 만드는 기술이 있어야 고등식물이 될 수 있지요.

그런데 같은 고등식물이지만, 외떡잎식물보다 쌍떡잎식물이 어느 모로 보나 한 수 위입니다. 관다발을 정리하는 기술, 떡잎의 수, 꽃받침의 있고 없음, 잎맥의 모양, 뿌리의 모양, 꽃잎의 개수 따위에서 외떡잎식물을 앞서 가지요. 하나씩 자세히 살펴볼까요?

먼저, 쌍떡잎식물은 관다발을 정리 정돈하는 기술이 뛰어납니다. 고리 모양으로 가지런히 정리하지요. 호박, 배추, 감자, 강낭콩, 봉숭아, 나팔꽃 들이 이렇게 솜씨 있게 관다발을 정리합니다.

그런가 하면 참나무, 밤나무, 은행나무처럼 여러 해를 사는 나무는 이 기술 말고도 한 가지 기술을 더 가지고 있습니다. 바로 줄기 속을 채워 나가는 기술이지요. 식물이 줄기 속을 채워 나가는 기술을 사람의 건축에 빗대면 무엇이라고 할 수 있을까요? 건물 안쪽을 지어 나가는 일이니 인테리어 건축이라고 할 수 있지요. 쌍떡잎식물의 인테리어 기술은 이미 있던 관다발의 고리 사이에 새로운 고리를 만들어 빈틈을 줄여 나가는 것입니다. 그래서 첫 해에 만든 관다발의 고리는 해가 지날수록 좀 더

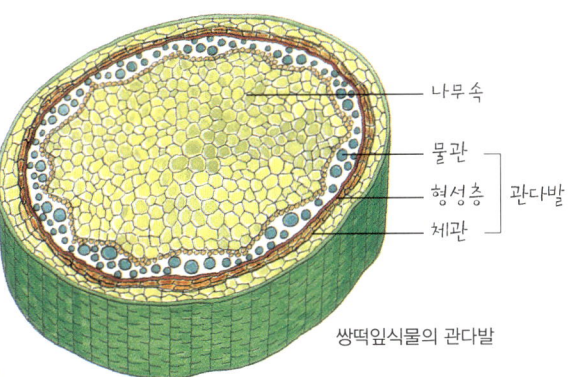

쌍떡잎식물의 관다발

튼튼해집니다. 나무가 오랜 세월 계속하여 건물을 지어 나갈 수 있는 것은 이 기술 덕분입니다.

　쌍떡잎식물 가운데, 한해살이풀이나 그해에 갓 싹터서 자라나기 시작한 어린 나무의 줄기는 가장 안쪽부터 나무속, 물관, 형성층, 체관, 피층, 표피를 갖게 됩니다. 그 다음 단계, 다시 말해서 어린 나무가 열심히 일하여 줄기를 조금 더 굵게 만들었을 때의 모습은 안쪽부터 나무속, 물관부, 형성층, 체관부, 코르크형성층, 코르크층입니다. 이 부분들이 하는 일에 대해서는 다음 장에 자세히 써 두었습니다. 여기서는 형성층에 대해서만 알아보도록 하지요.

　형성층은 나무의 인테리어 건축 공사에서 가장 열심히 일하는 부분입니다. 쉴 새 없이 새 물관과 새 체관을 만들지요. 형성층, 물관부, 체관부를 뺀 나머지 부분은 그렇게 부지런하게 일하지는 않습니다. 특히 나무속은 아무런 일도 하지 않고 점점 더 딱

딱해져가기만 합니다.

　파브르는 이것을 가리켜 '하나의 줄기 속에 늙어서 죽어가는 부분과 점점 더 젊어지는 부분이 있다'고 말했습니다. 해를 거듭할수록 줄기의 안쪽은 늙어 죽어가고 형성층 가까운 곳은 자꾸만 젊어져서 수백 년이든 수천 년이든 씩씩하게 일할 수 있으니까요.

　놀랍지 않은가요? 겨우 새끼손가락만한 어린 줄기도 이렇게 복잡한 짜임새를 가지고 있다니……. 하지만 이만큼 자란 것도 아직 나무라 부르기에는 모자람이 있습니다. 이듬해에도, 그리고 그 다음 이듬해에도 나무는 듬직한 모습을 갖춰 나가기 위해 부지런히 인테리어 공사를 해 나갑니다.

　그러므로 봄이 되어, 나무가 새 잎을 펼치는 것은 사람들의 눈에는 마땅히 그래야 하는 자연스러운 모습입니다. 하지만, 나무로서는 줄기 속을 채워 나가기 위한 인테리어 공사의 시작이라고 할 수 있습니다. 해마다 이 공사가 시작되어야 나무는 아름드리 큰 나무로 자라날 수 있습니다.

　한편, 외떡잎식물은 관다발을 가지고 있지만 정리 정돈에는 젬병입니다. 관다발을 제 맘대로 흩어놓지요. 줄기 속에 형성층이 없기 때문에 줄기를 굵직하게 살찌울 수도 없습니다. 갈대, 벼, 보리, 잔디, 옥수수, 강아지풀, 백합, 히아신스, 야자나무 따위가 이렇게 관다발을 흩어 놓습니다.

쌍떡잎식물의 인테리어 공사에 견주어, 외떡잎식물의 인테리어 공사는 그리 복잡하지 않습니다. 껍질 부분과 나무속이 복잡하지도 않을뿐더러 이것을 뚜렷이 나눌 수도 없습니다. 외떡잎식물의 줄기는 굵어지지는 않지만 그 대신 키가 잘 자라지요.

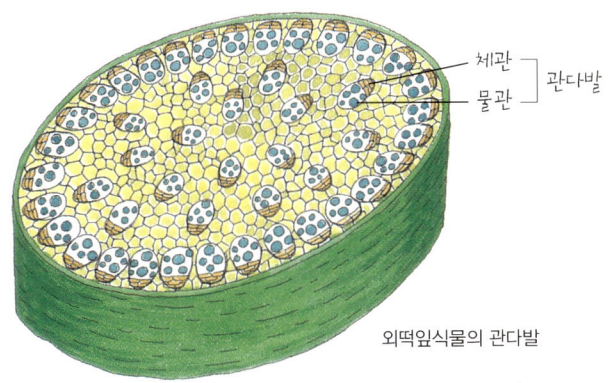

외떡잎식물의 관다발

🌱 될성부른 나무는 떡잎부터 알아본다

식물이 만드는 것 가운데 가장 귀하고 값진 것은 무엇일까요? 씨앗입니다. 씨앗 속에는 아직 잠에서 깨어나지 않은 어린눈이 두꺼운 식량 주머니에 포근히 싸여 있습니다.

그런데 관다발을 서로 다르게 정리하는 식물 세계의 두 민족은 알고 보면 씨앗 속에 있는 떡잎부터 서로 다릅니다. '될성부른 나무는 떡잎부터 알아본다'는 속담이 있듯이 두 민족은 이미 떡잎부터 다른 길을 가고 있지요.

쌍떡잎식물은 씨앗이 아무리 크더라도, 그 반대로 아무리 작

외떡잎식물의 떡잎

쌍떡잎식물의 떡잎

더라도 어린눈을 위해 꼭 두 장의 떡잎을 마련합니다. 그렇게 하는 것이 마땅하다고 생각하지요. 바늘 끝에 올려놓을 만큼 작은 씨앗이라도 반드시 그렇게 합니다. 상추나 참깨, 채송화와 같은 작은 씨앗을 보면 이 말에 고개가 끄덕여질 것입니다.

그런가 하면 벼, 보리, 밀과 같은 외떡잎식물들은 관다발도 정리하지 않을 뿐더러 씨앗에게도 마음을 쓰지 않지요. 씨앗을 위해 떡잎을 두 장이나 마련할 마음이 없습니다. 아니, 외떡잎식물이라고 불리지만 정확히 따지면 떡잎도 아닙니다. 떡잎은 영양분이라도 가지고 있지만 외떡잎식물이 맨 처음 펼치는 잎 한 장은 영양분을 갖고 있지 않기 때문에 어린눈이라고 하는 것이 더 옳습니다. 어쨌든 이렇게 한 장의 잎만 외롭게 싹틔우는 식물을 쌍떡잎식물과 구별하기 위하여 외떡잎식물이라 부르지요.

꽃받침이 있는 장미, 꽃받침이 없는 백합

떡잎 말고도 외떡잎식물은 쌍떡잎식물에 견주어 미처 챙기지 못한 것들이 더 있습니다.

쌍떡잎식물인 장미와 외떡잎식물인 백합과의 왕원추리를 예

외떡잎식물 왕원추리   쌍떡잎식물 장미 (꽃받침잎)

로 들어 볼까요? 쌍떡잎식물인 장미는 연약하고 섬세한 꽃부리를 위해 보호 장치인 꽃받침을 갖고 있습니다. 꽃받침이 있으면 꽃을 보호하기가 매우 좋지요. 그런데 외떡잎식물인 왕원추리는 꽃부리를 꾸미는 일만 하기 때문에 꽃받침을 만들지 않습니다.

　꽃받침만이 아닙니다. 잎의 관다발인 잎맥에서도 외떡잎식물은 꼼꼼하지 못합니다. 쌍떡잎식물인 떡갈나무의 잎맥은 그물처럼 촘촘히 잘 짜여 있습니다. 이런 잎맥을 그물맥이라 합니다. 바람에 견디는 힘이 크지요. 그런데 외떡잎식물인 바나나의 잎은 잎맥을 세로로만 정리해 놓습니다. 이런 것을 나란히맥이라

외떡잎식물 바나나 잎맥

쌍떡잎식물 떡갈나무 잎맥

합니다. 이런 짜임새는 바람에 견디는 힘이 아주 약합니다.

 모든 생명체는 완전하다

그런데 외떡잎식물의 기술이 쌍떡잎식물의 기술보다 한 단계 아래라고 해서 불완전하다고 말할 수 있을까요? 하등식물이 고등식물보다 더 못하다고 말할 수 있을까요? 그렇지 않다고 파브

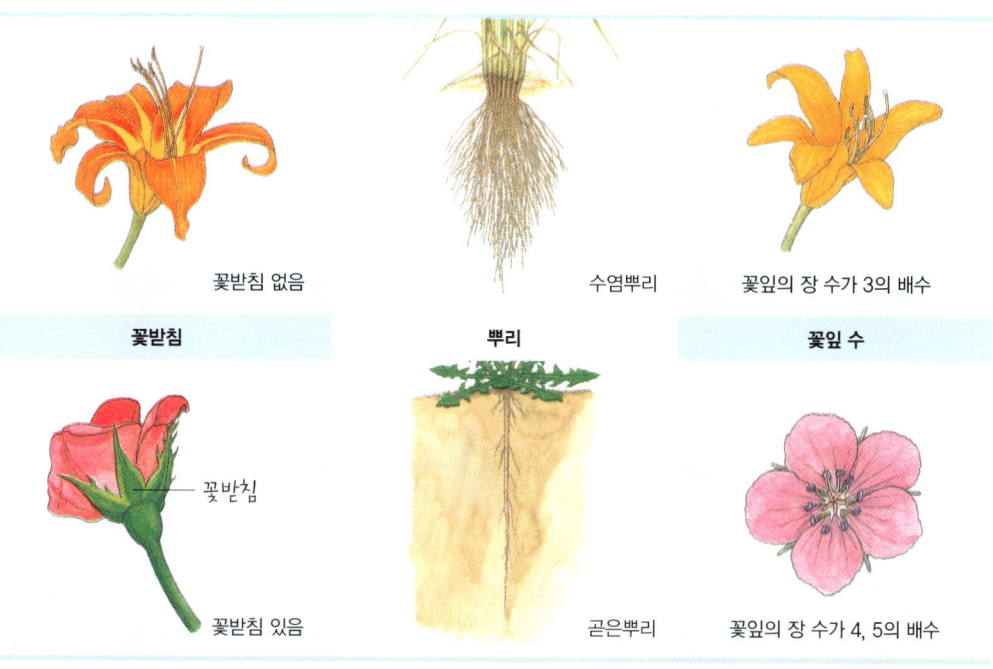

| 꽃받침 | 뿌리 | 꽃잎 수 |

꽃받침 없음 / 수염뿌리 / 꽃잎의 장 수가 3의 배수
꽃받침 있음 / 곧은뿌리 / 꽃잎의 장 수가 4, 5의 배수

르는 말합니다. 모든 식물은 그 자체로 완전하다는 것이지요. 그 까닭이 무엇일까요?

  대자연은 수억 년에 또 수억 년을 쌓아 가면서 기후와 환경에 맞는 가장 완전한 생명체들을 만들어 왔습니다. 세포 하나로 되어 있든 여러 개로 되어 있든, 떡잎이 한 장이든 두 장이든 모든 식물은 그 때 그 때에 가장 알맞게 디자인된 모습으로 나타나 지금까지 살아온 것이지요.

파브르가 왜 그렇게 말했는지, 지질학의 눈을 빌어 아주 오랜 옛날로 돌아가 볼까요? 그 때의 생명체는 물속에 있는 미끈미끈한 조류, 바위에 붙은 지의류 따위였습니다. 그런데 이들 생명체는 거의 모두가 이 단계에서 더 이상 발전하지 않았습니다. 지금도 옛날 모습 그대로이지요.

오랜 시간이 흐르자 관다발을 가진 식물들이 나타났고 그리고 또 오랜 세월이 흐른 뒤 떡잎을 가지지 못한 무떡잎식물들, 다시 말해 거대한 양치식물들이 지구에 나타났습니다. 그런 다음 소나무, 전나무, 삼나무와 같은 겉씨식물이 나타나게 되었습니다. 그 뒤에 속씨식물인 외떡잎식물과 쌍떡잎식물이 나타났습니다.

이처럼 오랜 세월을 거치며 지구에는 다양한 식물들이 나타났습니다. 가장 먼저 나타난 것은 조류와 지의류 따위의 하등식물이었고 시간이 흐를수록 더욱 복잡하고 정교한 기술을 가진 고등식물이 나타났지요. 하등식물과 고등식물이 가진 기술을 서로 견주면 마땅히 고등식물이 훨씬 더 뛰어나지만 그것이 고등식물이 더 소중하고 완전하다는 뜻은 아닙니다. 지구의 기나긴 역사와 함께 하등식물도 더할 나위 없이 중요한 역할을 했으니까요.

그나저나 여러분은 어느 시대가 가장 흥미롭나요? 지질학의 도움을 얻어 외떡잎식물들이 살던 시대로 가 볼까요? 그 시절의 기후는 열대성이었고 지구의 식물들도 열대지방에서나 볼 수 있는 것들이었습니다. 지금은 너도밤나무나 참나무가 숲을 이루고 있는 곳에, 그 시절에는 커다란 호수와 화산이 넓게 펼쳐져 있었습니다. 그리고 야자나무가 높다란 줄기 끝에 커다란 잎을 흔들어대고 있었지요. 오늘날 브라질의 원시림처럼요.

시간은 계속해서 흘렀습니다. 이번에는 지구에 추운 기후가 닥쳐왔습니다. 야자나무와 그 시대의 동물들이 더 이상 살 수 없는 때가 온 것이지요. 많은 것이 사라지고 다른 식물들이 나타났습니다. 대자연이 아껴둔 보물이라고나 할까요. 마땅히 이전의 것들보다 더 나은 식물이었습니다. 마지막에 나타났기에 가장 잘 만들어졌습니다. 바로 이것이 오늘날의 식물입니다.

그런 점에서 오늘날 우리가 보는 풀 한포기, 나무 한 그루는 대자연이 오랜 세월 동안 온갖 어려움을 이겨내며 한 겹 한 겹 빚어낸 예술 작품임에 틀림없습니다. 그러니 어찌 함부로 대할 수 있을까요? 예를 들어 아름다운 나무속과 관다발을 가진 나뭇가지가 불꽃 가운데 던져져 있다면 이처럼 슬픈 일도 없을 것입니다.

파브르는 생나무 장작이 불꽃 가운데 타들어가는 것을 보면 나무의 눈물이 보이고 슬픈 울음소리가 들린다고 말했습니다. 겨우 장작 하나 가지고 너무 감상에 젖는다고 말할지 모릅니다. 하지만 나무가 빼어난 기술을 써서 해마다 솜씨 좋게 만들어 놓은 나이테를 생각해 보세요. 파브르의 안타까운 마음을 조금이나마 헤아릴 수 있을 것입니다. 인류의 역사보다 더 오랜 시간을 살아 온 여러 식물 종들과 환경과 기후에 맞춰 슬기롭게 살아온

식물의 역사

식물 종은 오랜 시간에 걸쳐 더 발전되고 변화된 모습을 보이며 나타난다.
최초의 식물은 이끼 식물이다. 수억 년이 흐르면서 관다발을 가진 식물,
양치식물, 겉씨식물, 속씨식물이 나타나 오늘날 수십만 종의 식물들이 지구상에서 살고 있다.

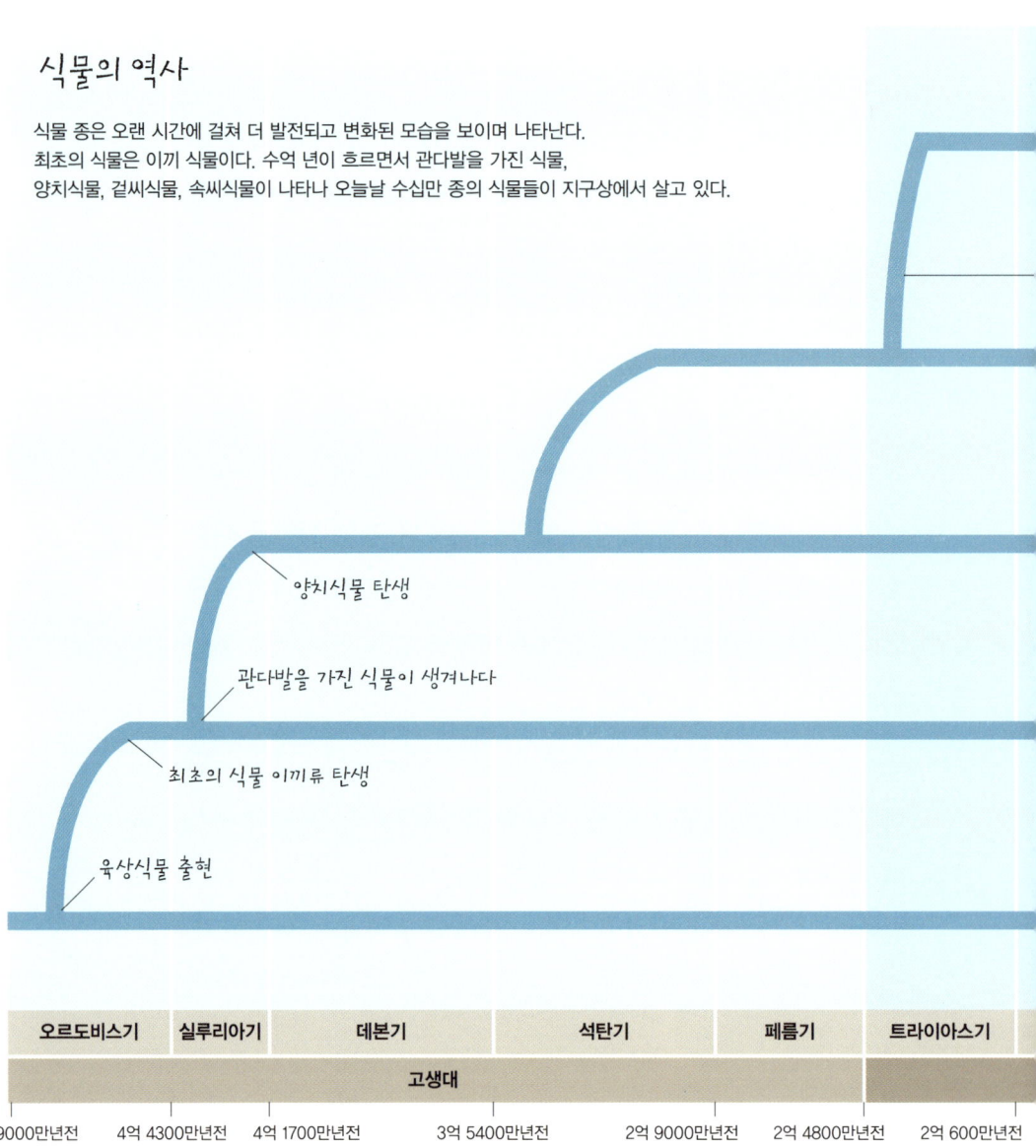

양치식물 탄생

관다발을 가진 식물이 생겨나다

최초의 식물 이끼류 탄생

육상식물 출현

오르도비스기	실루리아기	데본기	석탄기	페름기	트라이아스기
		고생대			
4억 9000만년전	4억 4300만년전	4억 1700만년전	3억 5400만년전	2억 9000만년전	2억 4800만년전	2억 600만년전

것을 생각하면 작은 나뭇가지라도 불꽃 속에 하찮게 던질 수가 없지요.

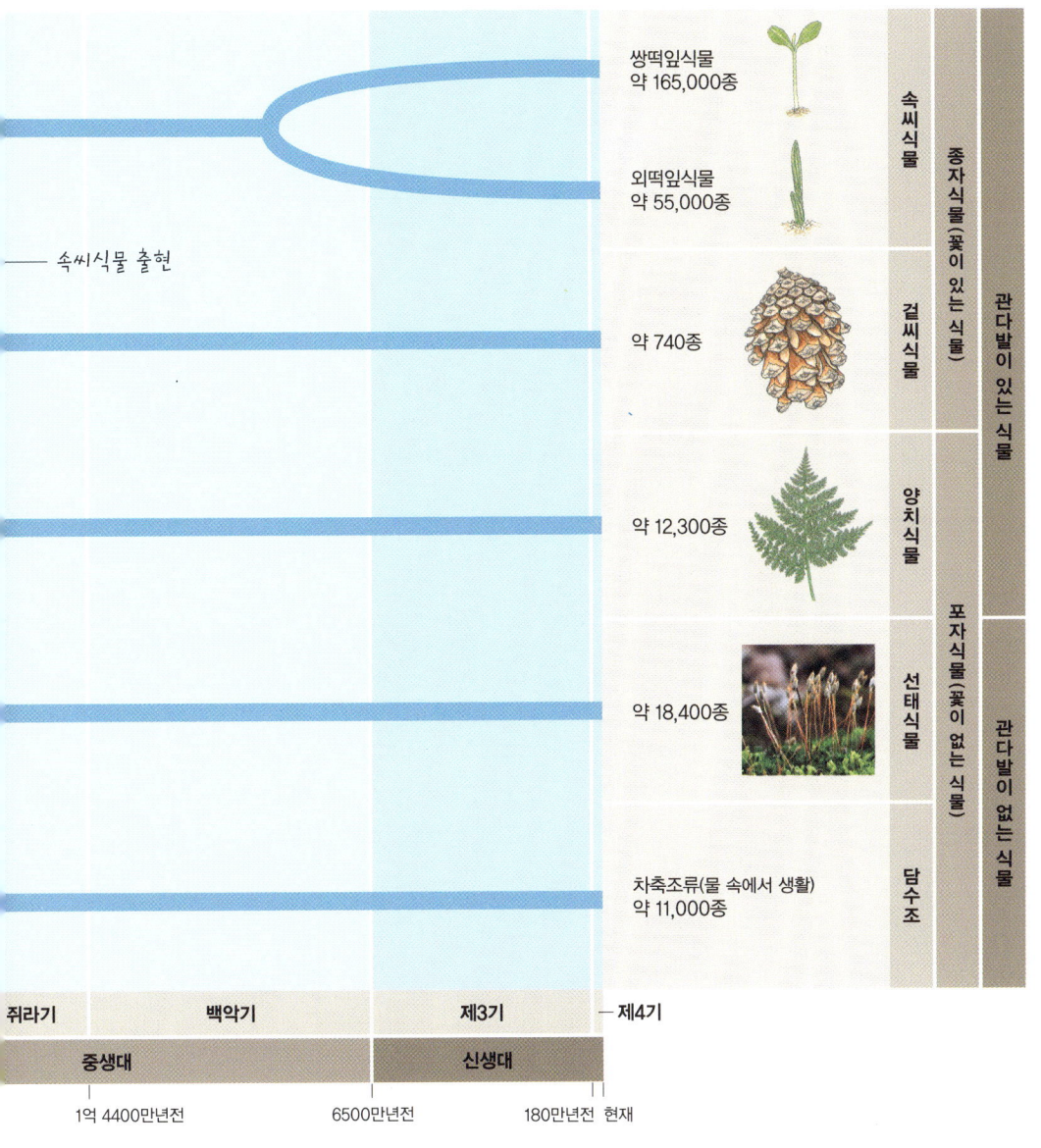

6. 나무의 겉옷, 나무껍질

 나무의 옷은 나무껍질

동물의 겉옷은 털입니다. 동물 종마다 털의 길이, 색깔, 무늬는 다 달라도 동물의 털은 살갗을 보호하고 몸속의 기관들을 보호합니다. 나무도 겉옷이 있습니다. 줄기의 가장 바깥에 있는 껍질이지요. 이 껍질을 학자들은 나무라는 뜻의 '수'자와 '껍질'이라는 뜻의 '피'자를 합쳐 '수피'라 부릅니다. 나무의 껍질도 종마다 모양이 다르고 냄새가 다르고 색깔이 다릅니다.

이쯤에서 나무의 줄기 속이 어떻게 되어 있는지 다시 떠올려 볼까요? 가장 안쪽에 물관부, 다시 말해 나중에 목재가 되는 부분이 있습니다. 그 다음에 형성층이 있고, 그 다음에 체관부가 있지요. 체관부 바깥으로는 코르크형성층과 코르크층이 있습니다. 가장 바깥쪽에서부터 차례대로 말해 보면 표피(나무가 어렸을 때에만 있다), 코르크층, 코르크형성층, 지난해 체관부, 체관부, 형성층, 물관부, 지난해 물관부가 됩니다.

이제 하나씩 살펴볼까요? 수피에서도 가장 바깥쪽에 있는 '표피'는 세포들이 만든 단 한 겹의 막인데, 얇아서 어린 줄기를 감싸기에 아주 좋습니다. 시간이 흘러 줄기가 굵어지면 나무는 이 옷을 벗어 버립니다. 그래서 파브르는 이 표피를 나무가 입는 어린이옷이라고 하였습니다. 어린 시절 잠시 입다가 웬만큼 자라면 버리고 입지 않는 옷이기 때문입니다.

 이즈음 나무는 벗어 던진 표피보다 더 튼튼한 옷을 마련합니다. 바로 '코르크층'입니다. 코르크층은 모든 나무에서 볼 수 있는데 갈색의 세포들로 이루어진 스펀지 같은 조직입니다. 코르크만큼 질기면서도 잘 휘고 단단하면서도 탄력 있는 겉옷을 자연에서 얻기란 쉽지 않습니다.

 사람들이 이 멋진 재료를 가만히 둘 리 없습니다. 나무가 코르크로 습기와 추위를 이겨 내는 것을 안 사람들은 코르크를 구두 밑창에 깔기도 하고 북극 바다를 오가는 배의 안쪽 벽에 두껍게

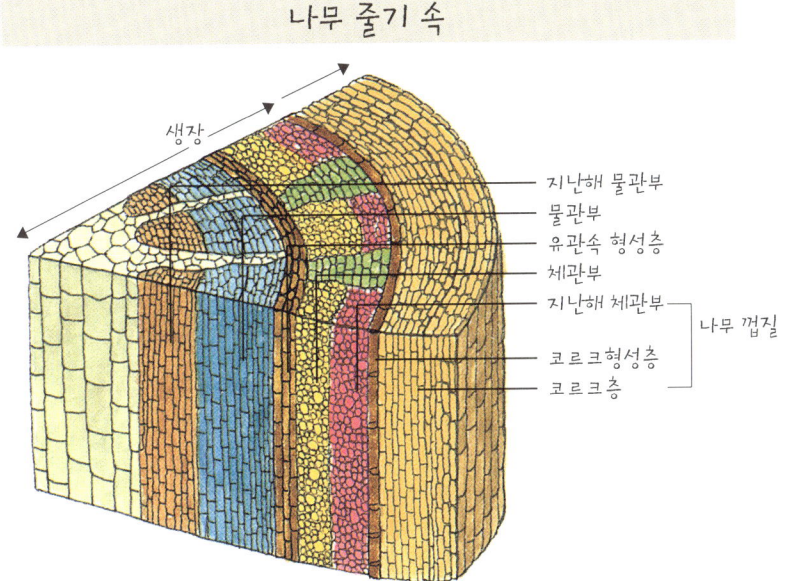

나무 줄기 속

지난해 물관부 지난해 만들어졌던 물관부.
물관부 물이 이동하는 통로. 올해 만들어진 물관부.
유관속형성층 물관과 체관을 만들어 내는 곳.
체관부 영양분이 이동하는 통로. 올해 만들어진 체관부.
지난해 체관부 지난해 만들어졌던 체관부.
코르크형성층 코르크층을 만들어 내는 곳.
코르크층 이 부분은 계속 떨어져 나간다.

붙이기도 합니다. 뱃사람들은 북극의 매서운 추위를 이겨내는 지혜를 나무에게 배운 것입니다.

코르크가 습기와 추위를 막을 수 있는 것은 코르크층에 있는 세포의 성질 때문입니다. 코르크층의 세포는 층층이 쌓여 있는데 속이 빈 데다 죽은 세포입니다. 이 세포의 세포벽에 있는 수베린이 물이나 공기가 들어가지 못하게 막습니다.

코르크가 가장 흔하게 쓰이는 곳은 병마개입니다. 그런데 병마개에 쓰는 코르크를 모든 나무에서 얻을 수 있는 것은 아닙니다. 코르크참나무라는 특별한 참나무에서 얻습니다.

나무껍질은 어떻게 만들어질까?

그런데 코르크 겉옷을 빼앗긴 나무는 괜찮을까요? 네, 괜찮습니다. 코르크층은 다시 만들어지거든요. 코르크참나무에서는 10년에 한 번씩 약 150년 동안 코르크를 얻을 수 있습니다.

그런데 모든 나무의 코르크형성층이 북극의 추위를 이겨낼 정도로 두꺼운 코르크층을 만드는 것은 아닙니다. 코르크 겉옷을 표시 나지 않을 정도로 얇게 만들어 입히는 나무도 있습니다. 어떤 나무들은 표피를 잃어버리는 것처럼 코르크층을 만드는 능력도 일찌감치 잃어버립니다. 그래서 코르크층을 대신할 다른 것을 만들려고 아이디어를 짜냅니다. 그러다 보니 나무의 성격에 따라 코르크 겉옷을 입는 모양새가 조금씩 다르게 나타납니다.

굴참나무는 두꺼운 나무껍질의 모양새 때문에 그렇게 불립니다. 두꺼운 나무껍질에 세로로 깊은 골이 파여 있어서 골참나무로 불리다가 굴참나무가 되었지요. 굴참나무의 코르크를 손끝으로 눌러보면 푹신푹신한 느낌이 듭니다. 그런가 하면 화살나무도 줄기의 나무껍질에 화살의 날개 모양을 한 코르크질 날개가 있어서 그런 이름을 갖게 되었습니다.

플라타너스는 나무껍질이 조각조각 떨어져 나가 얼룩무늬로 보입니다. 이 얼룩무늬가 마치 피부병의 하나인 버짐이 핀 것 같아서 양버즘나무로도 부릅니다. 플라타너스처럼 노각나무, 모과나무, 배롱나무도 얼룩진 나무껍질로 아름다움을 뽐냅니다.

나무껍질이 벗겨져 나가는 나무들도 있습니다. 자작나무 껍질은 마치 얇은 종이가 한 겹씩 벗겨져 나가는 모습입니다. 소나무의 껍질은 군데군데 갈라져 있어서 거북의 등껍질을 생각나게 합니다.

그런가 하면 느티나무, 벚나무, 복숭아나무의 껍질은 군데군데 입술 모양으로 터진 무늬가 뚜렷이 보입니다. 마치 화산 폭발로 생긴 분화구처럼 코르크층의 곳곳에 이렇게 터진 곳이 있습니다. 이것은 나무껍질의 껍질눈입니다. 껍질눈은 모든 나무의

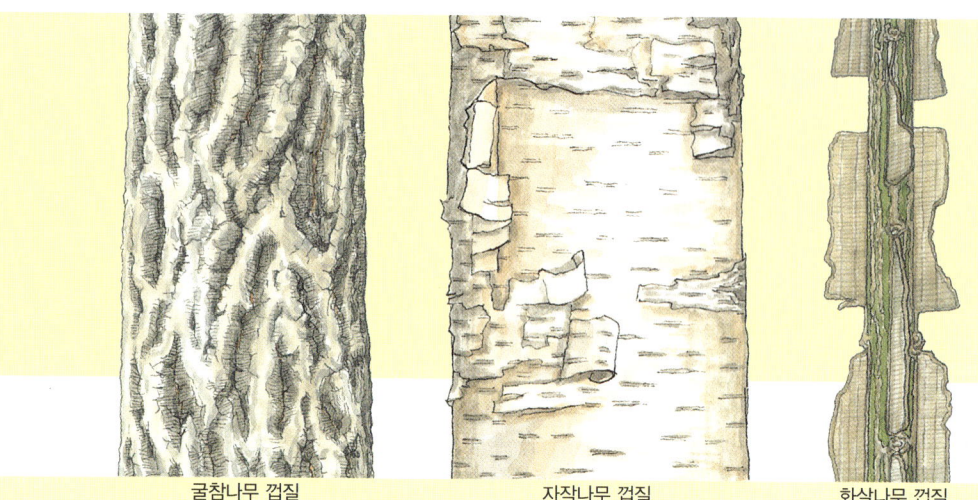

굴참나무 껍질　　　　자작나무 껍질　　　　화살나무 껍질

줄기에 다 있습니다. 코르크층 안쪽에 있는 세포들이 숨을 쉬는 숨구멍이지요. 공기도 물도 잘 스며들지 않는 코르크층이 줄기를 다 둘러싸 버리면 안쪽의 세포가 숨을 쉴 수 없을 터입니다. 다행히 이 껍질눈이 있어서 산소와 이산화탄소를 주고 받게 됩니다. 줄기가 굵어질수록 껍질눈도 옆으로 늘어나게 되는데 느티나무, 벚나무, 복숭아나무는 이것이 눈에 띄어 마치 입술처럼 보이는 것입니다.

식물에게도 사람에게도 고마운 나무껍질

지금까지 나무의 겉옷인 나무껍질을 살펴보았습니다. 그런데

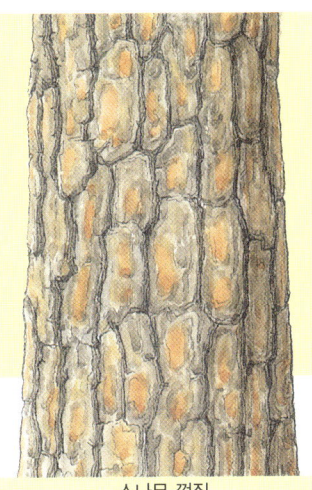  

소나무 껍질   벚나무 껍질   양버즘나무 껍질

나무껍질은 나무에게 왜 중요할까요?

　나무껍질은 줄기 바깥에서 속으로 물이 스며들어가는 것과 그 반대로 줄기 속의 물이 증발하는 것을 막아 줍니다. 그리고 뜨거운 열이나 추위를 막아 주는가 하면 상처나 충격도, 나쁜 병에 걸리게 하는 세균도 막아 줍니다.

　나무가 자신을 지키기 위해 꼭 필요한 것이 나무껍질이지만 한편으로는 사람에게도 좋은 것들을 많이 선물해 줍니다. 나무껍질은 식물이 만드는 다양한 물질이 들어 있는 곳이기도 하니까요. 사람들은 이 물질로 약품, 요리 재료, 예술품, 산업용품 따위를 만들 수가 있습니다.

　몇 가지 예를 들어보겠습니다. 육계나무의 나무껍질은 향기가 납니다. 이를 흔히 '계피'라 하죠. 계피는 한약재나 차, 수정과를 만들 때 쓰입니다. 기나나무의 껍질에는 키니네가 있는데 이것은 말라리아를 치료하는 데 씁니다. 참나무의 껍질에 있는 타닌은 짐승의 가죽을 무두질하여 가죽 제품을 만드는 데 씁니다. 그런데 나무의 껍질이 사람에게 좋은 것만 가지고 있는 것은 아닙니다. 자신에게 이로운 물질도 가지고 있습니다.

그런가 하면, 어떤 식물의 나무껍질에는 흰색이나 노란색의 액체가 들어 있습니다. 더 정확하게 말하면, 이 액체는 식물의 세포질 부분에 들어 있습니다. 이를 '우유 같은 액체'라 하여 유액이라 부릅니다. 무화과나무의 가지를 꺾었을 때 나오는 유액은 흰색입니다. 나무는 아니지만 민들레와 박주가리도 하얀 유액을 가지고 있습니다. 애기똥풀의 유액은 아기의 똥처럼 샛노랗고 피나물의 유액은 피처럼 붉은색입니다.

그런데 이름이 우유를 닮은 유액이어서 맛있을 것 같지만 뜻밖에도 몇몇 유액은 무서운 독을 가지고 있습니다. 덜 익은 무화과를 먹으면 혓바닥이 아프고 입술이 퉁퉁 붓습니다. 피부가 약한 사람은 무화과 열매를 딴 손가락마저 아플 수

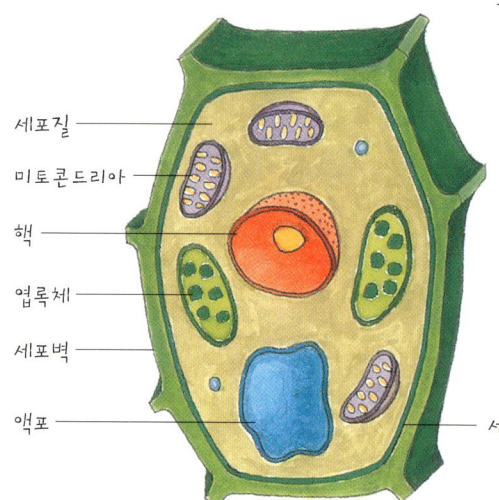

식물 세포

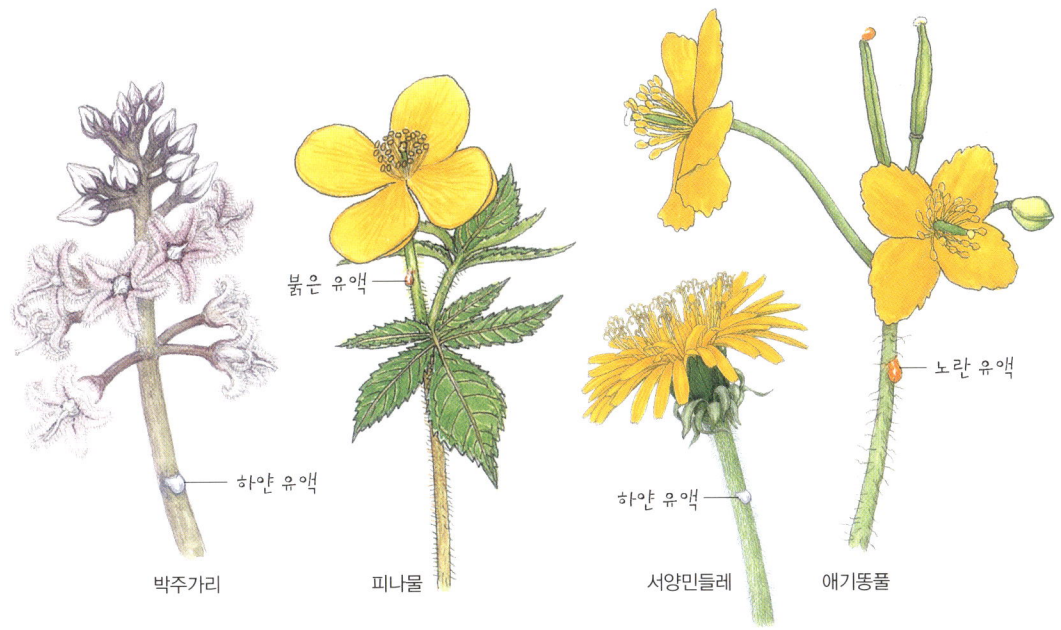

박주가리 — 하얀 유액
피나물 — 붉은 유액
서양민들레 — 하얀 유액
애기똥풀 — 노란 유액

있습니다. 그런가 하면 양귀비의 유액은 아편을 머금고 있습니다. 아편은 무서운 약으로 아주 적은 양으로도 사람을 잠들게 하고 많이 사용하면 사람이 죽을 수도 있습니다.

　본디 유액은 식물이 상처를 입었을 때 그 자리에 나쁜 균이 들어오지 못하도록 막기 위해서 갖고 있는 물질입니다. 그리고 어떤 유액은 쓴맛을 내거나 독을 품고 있어서 동물이 함부로 먹지 못하게 막아 주는 역할도 하지요. 그러나 아무리 위험한 독이라 할지라도 식물 자신에게는 아무렇지도 않습니다. 식물은 독을 다루는 솜씨가 뛰어나기 때문에 아무 어려움 없이 자신의 몸에 이런 유액을 갖고 있을 수 있습니다.

 식물의 상처를 아물게 하는 유액

사람이나 동물에게 해로운 유액도 있지만 그렇지 않은 유액도 많습니다. 남아메리카 지방, 특히 콜롬비아에는 '젖소나무' 또는 '우유나무'로 불리는 나무가 있습니다. 사람들은 젖소에게 하듯이 나무에서 젖을 짜냅니다. 다만 짜내는 방법이 좀 다르지요. 좀 잔인하긴 하지만 나무껍질을 칼로 도려냅니다. 그러면 하얀 유액이 흘러나옵니다. 이것을 받아 은근한 불로 증발시키면 향긋한 식물성 우유가 됩니다. 향기나 맛, 영양 면에서 우유와 다를 바가 없고 빵을 만들 때 우유처럼 넣기도 합니다. 오래 두면 엉겨서 노란 치즈처럼 되고 나중에 상하게 되면 신맛이 납니다. 그리고 너무 많이 마시면 살이 찌는 것도 우유와 비슷합니다.

멕시코 남부, 과테말라, 온두라스에는 사포딜라가 있습니다. 나무 줄기에 상처를 내면 유액이 나오는데 이것을 모아 끓인 것이 치클입니다. 치클은 사람의 체온과 비슷한 온도에서 적당하게 물러지는 성질이 있어서 껌의 원료가 됩니다. 이 때문에 사포딜라 나무를 추잉껌나무라고도 부릅니다. 15세기 말 콜럼버스가 신대륙을 발견했을 때 이미 그곳 사람들은 이 껌을 씹고 있었습니다.

젖소나무와 사포딜라의 유액이 사람들의 입맛에 맞는다고는 하지만 이것은 아주 특별한 예입니다. 많은 식물의 거의 모든 유액은 적든 많든 독이 있다는 사실을 잊지 말아야 합니다.

그런가 하면 유액 가운데에는 고무액과 같은 특별한 물질도 있습니다. 동남아 지방, 특히 말레이의 섬 지방에서 자라는 고무나무는 질 좋은 고무액을 매우 많이 품고 있습니다. 이 나무의 나무껍질에 칼집을 내면 상처에서 끈적거리는 고무액이 흘러나옵니다. 이때 오목한 그릇을 받쳐 두면 고무액이 고여서 엉기고 굳어집니다. 그러면 그릇 모양 그대로 두꺼운 탄성 고무 덩어리가 되지요. 처음에는 액체였다가 곧 크림 상태가 되고 더 굳어져 탄성 고무가 되는 것입니다.

고무액은 줄기 속에 있을 때는 액체입니다. 하지만 밖으로 나와 공기를 만나면 굳고 한번 굳어지면 다시는 액체로 돌아가지 않습니다. 끓여도 마찬가지입니다. 탄성 고무를 열로 녹여 봐야 헛수고입니다. 녹이는 방법은 단 한 가지, 열보다 더 강력한 액체가 있

고무나무 껍질에 상처를 내 유액을 받아내는 모습.

어야 합니다. 물론 이 액체도 식물한테서 얻습니다. 바로 소나무 껍질에서 얻는 테레빈 기름입니다. 이것만이 굳어진 탄성 고무를 녹일 수 있습니다. 예외적으로, 우리 생활에서 쉽게 볼 수 있는 고무 장갑, 장화 등의 고무 제품은 다른 물질과 섞인 합성 고무이기 때문에 불에 녹습니다.

그런데 고무나무는 어떻게 고무를 액체 상태로 몸속에 갖고 있을까요? 아쉽게도 그 답은 아직 찾지 못했습니다. 사람들은 온갖 방법을 다 써서 고무를 녹이려 했지만 결국 실패했는데, 나무는 아무렇지 않게 액체 상태로 몸속에 품고 있습니다. 그런 것만 보아도 나무의 과학은 감탄할 만합니다.

이처럼 나무껍질에 여러 가지 물질이 들어 있는 것을 이야기하며 파브르는 나무껍질 속에 향수 기술자, 염색 기술자, 약사, 가죽 기술자, 화학자가 살고 있다고 표현했습니다. 재미있는 표현이지요? 나무가 먹는 것이라곤 물과 영양분밖에 없습니다. 고작 그것을 가지고도 나무껍질은 좋은 냄새를 만들기도 하고, 먹을 것과 쓸 것을 만들기도 하고, 영양분이 있는 액과 독이 든 액을 훌륭하게 잘 만들어 냅니다. 그러니 나무껍질은 훌륭한 기술자임에 틀림이 없습니다.

이런 일을 사람들이 하려면 많은 노력과 시간을 들여야 합니다. 그래서 파브르는 자연으로부터 얻는 것과 배워야 할 것이 많다는 것만으로도 사람은 자연 앞에서 겸손해야 한다고 말했습니다. 그런데 겸손한 쪽은 오히려 식물입니다. 식물은 나무껍질부터 목재, 열매에 이르기까지 모조리 사람에게 거저 주면서도 생색내는 법이 없습니다. 집안의 대들보, 가구, 책, 신문, 코르크마개, 고무, 향수, 약품, 옷감, 악기……. 헤아릴 수 없이 많은 것들이 식물에서 왔습니다. 식물은 부자이건 가난한 사람이건 따지지 않고 자신의 몸을 내어 줍니다. 식물이 거저 준 것을 공짜로 받아 쓰면서도 값비싼 것과 그렇지 않은 것으로 나누어 허세와 자랑을 일삼는 사람들이 부끄러울 뿐이지요.

7. 줄기의 변신

 속을 비우는 지혜

커다란 자연 안에서 식물은 작은 존재에 지나지 않습니다. 하지만 그 어떤 다른 생명체에 뒤지지 않게 최선을 다하여 살고 있습니다. 누가 알아주지 않아도 갖가지 아이디어를 내어서 뿌리를 뻗고 줄기를 세우며 잎을 피웁니다.

그 가운데 식물의 줄기에는 어떤 아이디어가 들어 있는지 살펴볼까요?

쌍떡잎식물인 참나무, 너도밤나무, 양버즘나무는 우람한 줄기로 점잖게 서 있습니다. 굵직한 가지는 그늘을 넉넉하게 만들어 사람들에게 휴식처를 주곤 합니다. 이들의 줄기는 밑둥치에서 위로 올라갈수록 가늘어지지요. 그리고 큰 가지에서 작은 가지, 잔가지로 뻗어 나갑니다. 그렇게 뻗어 나간 참나무의 가지는 돔 모양이 됩니다. 그런가 하면 수양버들은 늘어뜨린 머리카락처럼 긴 가지를 펼치고 사시나무는 하늘을 향해 가지를 쭉 뻗어 올립니다. 이처럼 쌍떡잎을 가진 나무들은 줄기와 가지를 늠름하고도 곧게 펼칩니다. 이런 줄기를 '곧은줄기'라 합니다. 오랜 세월을 한자리에 서서 살기에 모자람이 없게끔 당당한 모습이지요.

그런데 외떡잎식물은 그렇지 못합니다. 줄기와 가지는 보잘것없습니다. 하지만 그렇다고 해서 외떡잎식물을 얕보아서는 안

쌍떡잎식물의 일반적인 나무 모양인 참나무

외떡잎식물의 일반적인 모양인 강아지풀

외떡잎식물이지만 쌍떡잎식물처럼 가지를 여러 갈래로 뻗는 판다누스

외떡잎식물로는 드물게 큰 나무로 자라지만, 가지를 늘려가지는 않는 야자나무

됩니다. 그들도 나름대로 지혜롭게 살고 있으니까요.

대부분의 외떡잎식물은 줄기에 정성을 쏟기보다는 꽃을 사치스럽게 꾸미는 편입니다. 줄기 하나에 딱 한 송이의 꽃눈만 다는 것도 있습니다. 언뜻 보아도 외떡잎식물의 줄기는 아주 단순합니다. 온대에서 잘 자라는 판다누스처럼 더러 가지를 뻗는 외떡잎식물이 있긴 하지만 그마저도 매우 조심스럽게 뻗어 나갑니다. 사막의 오아시스에서 자주 보는 야자나무도 껑충 키만 컸지 가지를 늘려 나가지는 않습니다. 그런 까닭에 대부분의 외떡잎식물은 굵은 줄기를 가지지 않고, 가구 따위를 만들 때에도 잘 쓰이지 않습니다.

이번에는 새의 날개 뼈를 한번 생각해 봅시다. 먼저, 날개는 뼈이지만 매우 가벼워야 합니다. 무거우면 나는 데 힘이 듭니다. 하지만 가볍다고 해서 약하면 안 됩니다. 가벼우면서도 매우 강해야 합니다. 새가 날갯짓을 할 때 공기 속에서도 부러지지 않고 잘 버텨야 하니까요. 심지어 갑자기 일어나는 바람이나 계속되는 바람에도 버틸 수 있어야 합니다. 이러한 모든 조건에 딱 들어맞는 새의 날개 뼈는 어떤 모습일까요? 바로 속이 빈 상자처럼, 속이 빈 원통꼴입니다.

속이 빌수록 튼튼한 줄기

　속이 빈 원통꼴은 가볍고 튼튼할 뿐만 아니라 재료를 아낄 수 있어서 좋습니다. 가을날 강가를 아름답게 꾸미는 갈대를 떠올려 보세요. 이들이 사는 곳은 매우 가난한 곳입니다. 거름이 많은 곳에 사는 밤나무와는 사정이 사뭇 다릅니다. 가진 재산을 될 수 있는 대로 아끼며 슬기롭게 잘 써야 합니다. '필요는 발명의 어머니'라는 말이 있는데, 그렇다면 가난한 갈대가 바람에 견디기 위해 발명해 낸 기술은 무엇일까요? 다름 아닌 '속이 빈 원통꼴의 줄기'입니다.

　밀과 보리 같은 알곡류, 갈대류, 대나무류, 들판의 수많은 잡풀들도 모두 이와 같은 방법을 쓰고 있습니다.

　벼는 기다란 줄기 끝에 무거운 이삭을 매달고 있습니다. 그런데 벼 줄기가 왜 기다란지 생각해 보았나요? 다 익은 벼를 거둘 때 이삭이 흙에 닿지 않도록 하기 위해서입니다. 줄기가 가느다란 까닭도 이웃에 있는 벼에게 피해를 주지 않으면서도 어떻게든 빽빽하게 이삭을 매달기 위해서입니다. 게다가 벼 줄기는 이삭의 무게를 견딜 수 있을 만큼 튼튼하고, 바람에 꺾이지 않을 만큼 부드럽게 휘어집니다. 벼 줄기가 이런 조건을 다 갖출 수 있었던 것도 역시 줄기가 속이 빈 원통꼴이기 때문입니다.

그런데 이것 말고도 눈여겨보아야 할 것이 하나 더 있습니다. 벼의 줄기 군데군데에는 마디가 있습니다. 이 마디가 있는 곳은 잎이 펼쳐지는 곳으로, '잎집'이라고 부릅니다. 이 잎집의 아랫부분이 줄기를 감싸고 있어서 줄기는 더욱 튼튼해집니다.

그것이 다가 아닙니다. 벼는 여기에다 한 가지 지혜를 더 보탭니다. 줄기 속에 특별한 물질을 갖고 있습니다. 가장 단단하면서도 잘 썩지 않는 광물질, 바로 규소입니다. 규소는 조약돌이나 모래, 동물의 뼈에 들어 있습니다. 열대 지방에 사는 벼과식물 가운데에는 칼이 닿으면 금속이 서로 부딪칠 때처럼 줄기에서 불꽃이 튀는 것도 있습니다. 규소를 그만큼 많이 가지고 있다는 증거이지요. 속이 빈 원통꼴 줄기를 가진 식물로 대나무를 빼 놓을 수 없습니다. 열대 지방의 어떤 큼직한 대나무는 마디와 마디 사

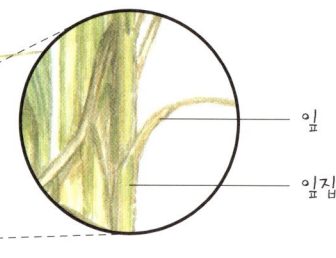

잎집 때문에 바람이 불어도 쉽게 넘어지지 않는다.

— 잎
— 잎집

이만 잘라도 그대로 커다란 물통으로 써도 될 만큼 탄탄합니다.

이처럼 모든 외떡잎식물은 조금씩 다르기는 해도 한 가지 규칙을 지키고 있습니다. 줄기의 바깥 부분을 튼튼하게 만들고 속은 텅 비워 두는 것입니다. 쌍떡잎식물은 이런 규칙에 대해서는 알지도 못한 채 그 반대로 해 놓습니다. 오히려 나무의 속을 탄탄하게 해 놓고 바깥 부분을 약하게 만듭니다. 파브르는 이것이야말로 쌍떡잎식물의 어리석은 고집이라고 말하였습니다. 참나무는 늠름하게 서 있을 때는 많은 사람들의 눈길을 끌지만, 갑작스러운 태풍에 시달리기라도 하면 줄기가 꺾이거나 통째로 뽑히고 맙니다.

기어오르고 휘감는 덩굴식물

속을 비우거나, 마디를 만들어 놓거나, 규소와 같은 특별한 물질을 사용하는 것은 외떡잎식물의 아이디어입니다. 줄기를 튼튼하게 세워 햇빛을 잘 받으려는 속셈이지요. 하지만 꼭 이 방법이 아니더라도 식물은 저마다 햇빛을 잘 받기 위해 노력합니다.

식물의 잎은 이슬보다는 햇빛을 더 원합니다. 화분에 심은 식물을 창가에 두면 창 쪽으로 줄기를 뻗어 가는 것만 보아도 알 수 있습니다. 심지어 어떤 식물은 햇빛을 받기 위해서 몸을 비틀

칡
산과 들에서 흔하게 자라는 덩굴지는 나무이다.
줄기로 주위에 있는 나무든 전봇대든 무엇이든 감고 올라간다. 7~8월에 붉은빛이 도는 자주색 꽃을 피운다. 꽃을 말려 차를 만들기도 하고, 칡덩굴로 광주리나 바구니를 만든다. 뿌리도 차를 만들거나 약재로 쓴다.

기도 합니다. 왜냐하면 하늘을 우러러 줄기를 뻗고 잎을 펼치는 것은 식물에게는 크나큰 기쁨이자 행복이기 때문입니다. 그래서 식물들은 햇빛을 받기 위해 온갖 방법을 다 찾아냅니다.

　햇빛을 받기 위하여 아예 줄기의 모양마저 바꾸는 식물도 있습니다. 기어오르거나 휘감아 오르는 '덩굴식물'이지요. 대부분의 식물은 자신의 힘으로 줄기를 뻗어 올리지만 덩굴식물은 이웃 식물의 도움 없이는 줄기를 뻗지 못합니다. 자신의 약점을 잘 아는 덩굴식물은 어떻게든 지혜를 짜내어서 이 문제를 풀려고 합니다.

　아시아에서 잘 자라는 칡은 스스로 줄기를 세울 수 없습니다. 그렇다고 땅바닥을 기어 봐야 자신이 좋아하는 햇빛을 욕심껏 받을 수 없다는 것도 잘 압니다. 그래서 조금이라도 키가 큰 나무가 있다 싶으면 가리지 않고 기어오릅니다. '큰키나무(줄기가 곧고 굵으며 높이가 8미터를 넘는 나무이다. 교목이라고도 한다)'나 '떨기나무(보통 사람의 키보다 작은 나무들을 일컫는다)' 할 것 없이 숲 속 나무의 이 가지 저 가지를 기어오르지요. 그러다 보니 뒤엉킨 그물처럼 숲 속의 나무들을 엮어 놓곤 합니다. 칡은 뿌리와 꽃이 건강에 좋은 식품으로 알려져 있습니다. 하지만 요즘은 감는 줄기의 특성 때문에 곳곳에서 골칫거리가 되어 버렸습니다. 미국 남부에서도 큰 골칫거리로 통합니다. 처음에는 언덕 따위의 흙이 깎이는 것을 막기 위해, 일본에서 일부러 들여와 심었습니다. 한동안은 괜찮았습니다. 그런데 칡이 너무 많이, 너무 빠르게 줄기를 뻗어 나가는 바람에 언덕을 너머 계곡, 숲, 심지어는 사람이 살지 않는 집이나 정원까지 모두 뒤덮어 버리고 말았습니다. 제법 빨리 자라는 줄기는 1시간에 5센티미터 정도나 자라지요. 이렇게 되자 칡 때문에 햇빛을 보지 못해 죽는 식물들이 생겨났습니다. 오죽했으면 '남부를 집어삼킨 식물'로 불렸을까요? 칡은 햇빛을 향해 기어올라 자신의 잎을 마음껏 펼치지만

돌콩
오른쪽 감기

박주가리
오른쪽 감기

환삼덩굴
왼쪽 감기

정작 칡이 감고 올라간 그 나무는 햇빛을 보지 못하고 가지와 잎을 펼치지 못해 죽고 마는 것입니다.

칡과 같은 콩과식물인 등나무도 칡 못지않게 감아 오르기 선수입니다. 그래도 등나무는 꽃과 향이 아름다워 뜰이나 공원에서 정원사의 보살핌을 받습니다. 알맞은 때에 손질을 받기 때문에 칡처럼 큰 문제를 일으키지는 않지요.

돌콩, 환삼덩굴, 박주가리, 나팔꽃, 붉은인동덩굴도 다른 식물이나 물체를 감아 오르는 덩굴식물입니다. 이들은 고집스럽게도 한 방향으로만 휘감고 올라가려 합니다. 나팔꽃은 오른쪽에서 왼쪽으로만, 붉은인동덩굴은 왼쪽에서 오른쪽으로만 휘감습니다.

등나무

기는줄기와 살찐줄기식물

덩굴식물 가운데는 줄기로 다른 식물을 감는 식물도 있지만, 줄기의 한쪽 면에 붙음뿌리 같이 기어오를 수 있는 장치를 따로 만들어 벽을 기어오르는 줄기도 있습니다. 송악이나 담쟁이덩굴이 나무나 담장, 가파른 절벽에 기어오를 수 있는 것은 줄기에 이런 장치가 있기 때

붉은인동덩굴

담쟁이덩굴
6~7월에 작은 흰 꽃을 피우고, 가을에 검은 열매를 맺는다. 붙음뿌리로 다른 물체에 달라붙으며 자란다. 이런 특성 때문에 관상용으로 건물 주변에 심으면 아름다운 담쟁이덩굴이 건물 벽을 뒤덮는다.

문입니다.

　'기는줄기'를 가진 식물이라 해서 모두 높은 곳을 좋아하는 것은 아닙니다. 벽이 아니라 땅바닥만을 기어 다니는 식물도 있습니다. 게으르기 때문일까요? 아니면 '붙음뿌리' 같은 특별한 장치를 만들 만한 상상력이 없는 것일까요? 기는줄기의 대표인 뱀딸기는 도무지 올라가는 일에 마음을 쓰지 않습니다. 그 대신 가늘고 긴 줄기를 계속 뻗으며 뱀처럼 땅을 기어 다닙니다. 그렇게

뱀딸기
풀밭이나 논둑에서 쉽게 볼 수 있다. 4~5월에 노란 꽃을 피우고 딸기처럼 붉은 열매를 맺는다. 줄기 마디마다 뿌리를 내리며 옆으로 기어가듯 길게 뻗으면서 자란다.

낮은 자세를 좋아하는 데에는 그럴 만한 까닭이 있습니다. 뱀딸기의 기는줄기에는 다른 식물의 줄기에는 없는 특별한 능력이 숨어 있기 때문입니다. 바로 줄기를 뻗어 나가면서 자식을 퍼뜨리는 능력입니다. 기는줄기는 웬만큼 뻗어나갔다 싶으면 줄기의 끝에서 작은 잎을 몇 장 펼칩니다. 그리고 그 자리에서 뿌리도 뻗습니다. 새로 잎과 뿌리를 내기 시작한 자식그루는 어미로부터 곧 독립합니다. 그리고 무럭무럭 자라나 이번에는 이 자식그루가 다시 기는줄기를 새로 뻗습니다. 이것이 뱀딸기가 땅을 기어 다니면서 잎과 뿌리를 내고 아울러 자식을 퍼뜨리며 사는 방법입니다.

선인장은 뱀딸기보다 좀 더 빼어난 방법으로 줄기의 모양을 바꿉니다. 다른 식물의 줄기와 견줄 때 선인장의 줄기는 좀 괴상하게 생겼습니다. 살집이 많아서 보통의 식물줄기에 비해 뚱뚱하지요. 그래서 이런 줄기를 '살찐줄기식물'이라 합니다. 그런데 살찐줄기식물이 이런 모습이 된 것은 물을 모아 두어야 하기 때

뿌리

문입니다. 물이 모자라는 곳에서 살기 때문에 줄기의 모양을 바꾸지 않을 수 없지요.

멕시코나 브라질의 메마른 땅에서 노새는 식물의 수액으로 목마름을 달랩니다. 노새가 먹는 그 식물은 작은 공 모양입니다. 그 공 모양의 식물에는 손질된 밭처럼 고랑이 파져 있는가 하면 두둑한 부분도 있습니다. 그리고 뻣뻣한 가시가 돋아나 있습니다. 바로 선인장이지요. 맨 먼저 노새는 앞발로 가시를 짓뭉갭니다. 그리고 조심스럽게 입술을 내밀어 용감하게 수액을 마십니다. 그런데 갈증을 푸는 것은 좋지만 가끔 위험이 뒤따릅니다. 여러분이 만약 남아메리카의 메마른 땅을 여행할 때 앞발을 절뚝이는 노새를 보게 된다면 선인장의 가시 때문이라고 생각해도 틀리지 않습니다.

🌿 땅속을 기어다니는 땅속줄기

그런가 하면 마땅히 땅 위에 있어야 할 줄기가 땅속으로 숨어든 것도 있습니다. 이렇게 땅속줄기 식물들이 살아남기 위해 나름대로 짜낸 지혜는 사람의 지혜보다 낫습니다.

　사람들은 겨울철 추위를 피하기 위해 따뜻한 곳으로 멀리 휴양을 떠나기도 합니다. 하지만 발이 없는 식물이 사람처럼 여기저기 옮겨 다닐 수는 없지요. 여름내 아무리 푸르렀다 하더라도 겨울이 되면 줄기는 추위와 맞서거나 아니면 죽음을 맞이해야 합니다.

　이 운명을 피할 수 있는 딱 한 가지 방법은 줄기가 따뜻한 땅속으로 들어가는 것입니다. 하지만 줄기가 땅속에서 사는 것은 식물로서는 정상이 아닙니다. 식물의 줄기는 무엇보다 햇빛을 받으며 대기 속에 자랑스럽게 뻗어 나가야 하니까요. 그래서 생각해 낸 것이 있습니다. 해마다 줄기의 반쪽만 살아남고 나머지 줄기의 반쪽은 죽는 것입니다. 다시 말해 반쪽은 땅속에 머무르면서 살아 있고, 나머지 반쪽은 땅 위로 나가 잎을 펼치고 꽃을 피운 다음에 말라 죽는 것입니다.

　작은 종 모양의 꽃을 피우는 둥굴레도 땅속줄기를 가지고 있습니다. 땅속줄기 여기저기 제법 큼직한 옹이 자국은 땅위줄기가 말라 죽은 자리입니다. 이듬해에 다시 자라날 눈은 땅속줄기 끝에 달려 있지요. 그럼 뿌리는 어디에 있을까요? 땅속줄기 여기저기에 실처럼 붙어 있는 게 바로 뿌리입니다. 둥굴레는 이 가르다란 뿌리로 영양분을 빨아올립니다.

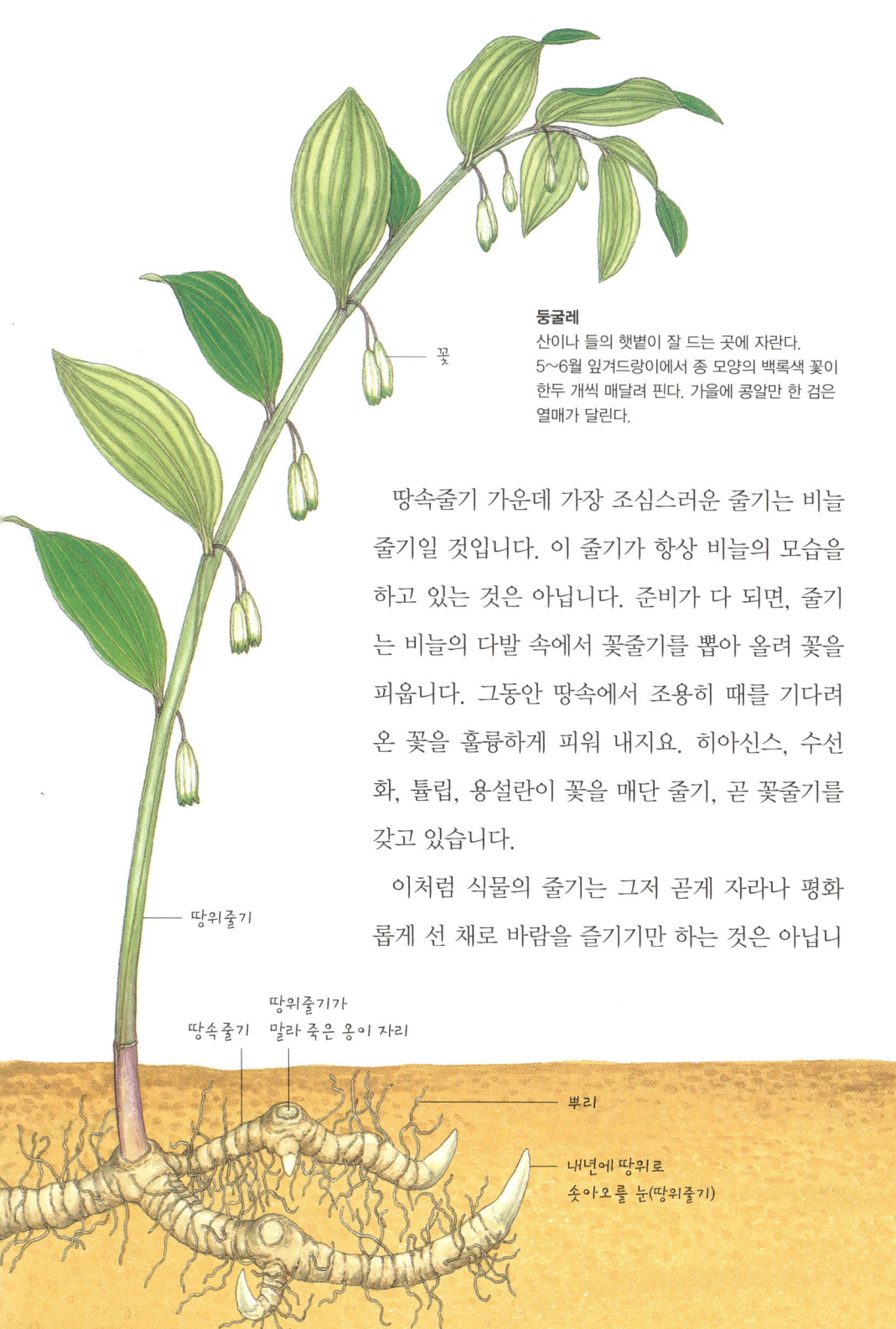

둥굴레
산이나 들의 햇볕이 잘 드는 곳에 자란다.
5~6월 잎겨드랑이에서 종 모양의 백록색 꽃이
한두 개씩 매달려 핀다. 가을에 콩알만 한 검은
열매가 달린다.

땅속줄기 가운데 가장 조심스러운 줄기는 비늘줄기일 것입니다. 이 줄기가 항상 비늘의 모습을 하고 있는 것은 아닙니다. 준비가 다 되면, 줄기는 비늘의 다발 속에서 꽃줄기를 뽑아 올려 꽃을 피웁니다. 그동안 땅속에서 조용히 때를 기다려 온 꽃을 훌륭하게 피워 내지요. 히아신스, 수선화, 튤립, 용설란이 꽃을 매단 줄기, 곧 꽃줄기를 갖고 있습니다.

이처럼 식물의 줄기는 그저 곧게 자라나 평화롭게 선 채로 바람을 즐기기만 하는 것은 아닙니

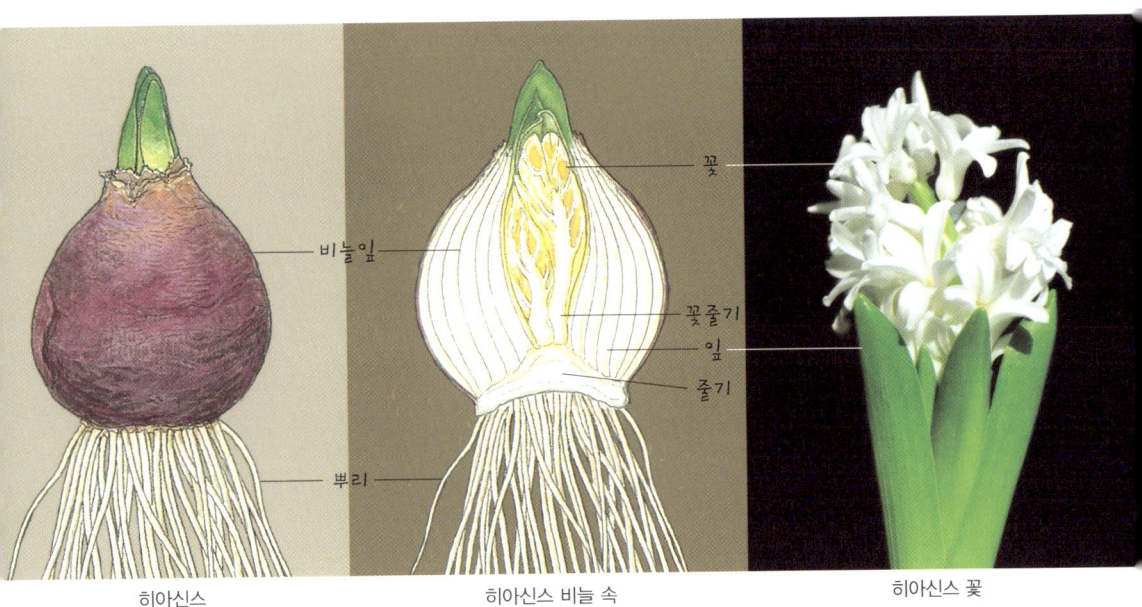

히아신스　　　　　　　히아신스 비늘 속　　　　　히아신스 꽃

다. 자신에게 주어진 환경에서 살아남기 위하여 지혜롭게 변신과 변형을 거듭하지요. 이웃 식물과 담장을 감아 오르거나 기어 오르기도 하고, 땅 위나 땅속을 기어 다니는가 하면, 영양분이나 물을 모아 두기도 합니다. 그러므로 누가 지켜보지 않아도, 누가 시키지 않아도 자신의 일을 묵묵히 해 나가는 그들을 동물이나 사람보다 못하다고 말할 수는 없습니다.

8.
식물은 고집쟁이

 **뿌리를 고르는 고집**

줄기와 뿌리는 한 식물에 같이 있지만 둘의 성질은 완전히 반대입니다. 줄기는 무슨 일이 있어도 햇빛을 향하여 일어섭니다. 제 힘으로 일어설 수 없으면 남의 줄기를 감아서라도 일어섭니다. 체면은 좀 깎이지만 그렇게 해서라도 햇빛을 찾아 나섭니다. 그 반대로 뿌리는 어두워야만 살 수 있습니다. 부드러운 흙뿐 아니라, 어떤 방해물이 가로막고 있어도 뿌리는 제 뜻을 꺾지 않습니다. 심지어는 다칠 것을 뻔히 알면서도 바위틈 어두운 곳으로 들어갑니다.

이러한 본능은 아주 어릴 적부터 나타납니다. 씨앗 하나가 흙 속에서 싹을 틔우면 싹은 씨앗의 껍질을 뚫고 나오자마자 망설임 없이 자신의 일을 합니다. 뿌리는 아래로 뻗어 땅속으로 파고들고, 줄기는 위로 뻗습니다.

씨앗을 거꾸로 뒤집어 놓아도 그 고집을 꺾지 않습니다. 낚싯바늘처럼 몸을 뒤틀어서라도 자신이 갈 길을 찾아갑니다. 거꾸로 뒤집어 놓은 것을 한 번 더 뒤집어 놓아도 결과는 같습니다.

뿌리는 아래로 자라나게 마련입니다. 그런데 한 가지 원칙이 더 있습니다. 이 원칙 때문에, 흙에서 식물을 뽑아 보면 어떤 뿌리는 쉽게 뽑히지만 어떤 뿌리는 캐내기가 몹시 힘듭니다.

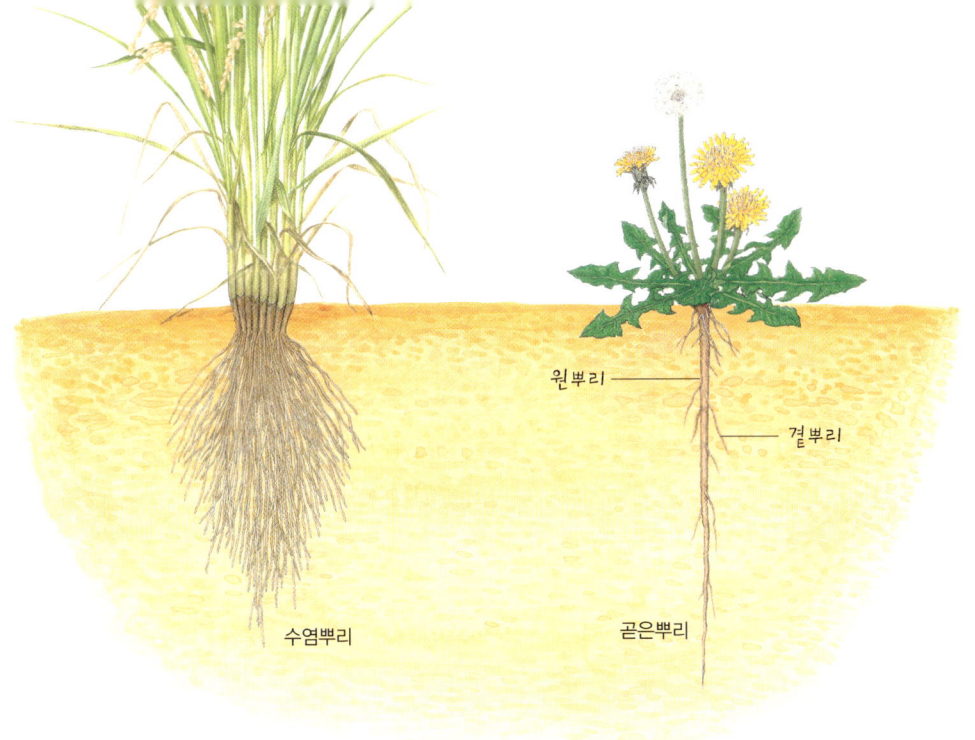

　식물은 뿌리를 뻗되, 정해진 방법대로만 뻗습니다. 다시 말해 '곧은뿌리' 아니면 '수염뿌리'입니다. 곧은뿌리는 뿌리의 가운데 부분에 원뿌리가 있어서 땅속으로 곧게 내려 뻗고, 거기서 곁뿌리가 생깁니다. 주로 쌍떡잎식물이 곧은뿌리를 가지지요. 그런가 하면 수염뿌리는 그다지 깊지 않은 땅속에 굵기가 비슷한 가냘픈 뿌리 여러 개를 옆으로만 뻗어 나갑니다. 그래서 수염뿌리는 쉽게 쑥 뽑힙니다. 뿌리 하나하나가 버티는 힘이 세지 않으므로 개수를 많게 해서 모자라는 힘을 챙기지요. 대개 외떡잎식물이 수염뿌리를 가집니다.

식물의 뿌리는 조상 대대로 내려오는 이 두 가지 방법 가운데 하나를 고릅니다. 그리고 반드시 지킵니다. 예를 들어 볼까요? 북아프리카의 알제리에 사는 난쟁이야자나무는 키가 겨우 1미터 남짓입니다. 이 나무는 조금만 더 크고 싶어도 그럴 수 없습니다. 약한 수염뿌리여서 튼튼하게 서 있지 못하니 강한 바람이 불면 쓰러지고 마니까요. 그런데 이 나무에게 버팀대를 세워 주고 바람을 막아 주면서 정원에서 키우면 20미터나 되는 큰 나무로 키울 수 있습니다. 하지만 정원이 아니라 바람 부는 모래땅에서도 더 튼튼하게 버틸 수 있는 방법이 있습니다. 바로 자신의 수염뿌리를 포기하고 곧은뿌리를 고르면 되는 것입니다. 하지만 이 나무는 자신의 뿌리를 바꿀 마음이 전혀 없습니다. 큰키나무로 자랄 수 없다 하여도 오로지 한번 정해진 원칙대로 밀고 나가는 것입니다.

한편 참나무, 느릅나무, 단풍나무는 땅속 깊이 들어가는 곧은 뿌리가 최고인 줄 알고 그것만 고집합니다. 덕분에 모진 비바람에도 끄떡없이 버티며 해마다 푸르름을 뽐냅니다.

그런가 하면 나무도 아닌 키 작은 풀인데도 곧은뿌리만 고집하는 식물도 있습니다. 말로우는 키가 그리 크지 않으니 바람을 두려워할 까닭이 없습니다. 당근이나 무도 굵은 줄기는커녕 잎마저 몇 장밖에 되지 않습니다. 그런데 고작 그런 줄기와 잎을 피우기 위해 땅속에 팔뚝만 한 뿌리를 갖고 있습니다.

 이처럼 식물은 수염뿌리이든 곧은뿌리이든 자기가 고른 것에 만족하며 살기에, 사람이 그것을 말릴 수는 없습니다. 심지어 식물 자신은 그 원칙 때문에 때때로 피해를 보기도 하건만 그래도 고집을 꺾지 않습니다.

뿌리가 굵은 무

 외떡잎식물인 벼도 수염뿌리를 가지고 있습니다. 그래서 어쩌다 바람이라도 세게 불면 힘없이 쓰러지고 맙니다. 줄기는 그토록 튼튼히 세웠던 똑똑한 벼건만 뿌리는 이렇게 힘없는 것을 선택하고 말았습니다.

 한편, 곧은뿌리를 가진 나무라고 해서 불편함이 없는 것은 아닙니다. 곧은뿌리를 가진 큰키나무를 옮겨 심으려 할 때 뿌리가 깊게 뻗어 있을수록 옮기기가 무척 힘듭니다. 하나뿐인 원뿌리를 다치지 않게 하려면 땅을 아주 깊이 파야만 합니다. 만일 원뿌리를 다쳤는데 괜찮겠거니 하고 새로운 땅에 심는다면 나무는 죽게 됩니다. 원뿌리를 대신할 뿌리가 없으니까요. 적어도 옮겨 심을 때는 곧은뿌리 식물보다는 수염뿌리 식물이 낫습니다. 뽑기도 쉽고, 옮겨 심다가 뿌리를 조금 다쳐도 남은 뿌리가 다친

식물은 고집쟁이 • 131

뿌리를 대신합니다. 그렇지만 이런 피해를 알면서도 식물은 자신이 고른 뿌리 모양에 대해 후회가 없습니다.

식물의 고집을 꺾다

그런데 사람들이 억지로 식물의 고집을 꺾어 놓을 때가 있습니다. 잔꾀 많은 사람들의 손길에 식물들이 오랜 원칙을 그만 포기하고 마는 것이지요.

식탁에 자주 오르는 채소나 과일이 사람의 손길을 받아 고집을 꺾은 경우도 많습니다. 마음이 여린 식물이거나 환경에 자신을 잘 맞추는 식물은 자신의 본디 성질이 크게 바뀌지만 않는다면 사람들이 새로 길들이려 하는 대로 재빨리 자신을 맞추어 나갑니다.

감자가 사람들을 기쁘게 하기 위해 처음부터 땅속줄기에 넉넉한 녹말을 쌓아 두었을까요? 무가 옛날부터 굵직한 뿌리를 가졌을까요? 양배추가 본디 그렇게 희고 깨끗한 잎사귀를 겹겹이 포개었을까요? 아닙니다. 사람에게 길들여져서 그렇게 된 것입니다. 배나무도 처음부터 맛있고 커다란 열매를 매달았던 것은 아닙니다. 요즘의 포도는 노아가 주스를 짜던 때의 포도 그대로가 아닙니다. 옥수수, 호박, 당근, 순무 할 것 없이 모든 채소가 처음부터 사람을 위해 기꺼이 최고의 모습이었던 것은 아닙니다.

  이 식물들은 한때 사람들에게는 전혀 쓸모없는 야생의 모습이었습니다. 하지만 사람들이 갖은 노력과 시간을 들여 자신들에게 좋을 대로 식물을 바꾸어 놓았습니다. 예를 들어 감자는 본디 칠레와 페루의 산속에서 살았습니다. 그때는 크기가 도토리 열매만 했고 독이 있는 덩이줄기였지요. 사람들은 잡풀이나 다름없는 이 식물을 밭으로 다정하게 불러들였습니다. 사람들의 밭은 기름지고 촉촉할뿐더러 다른 풀과 싸우지 않아도 되었습니다. 살기가 편해진 감자는 조금씩 습관을 바꾸기 시작했습니다.

야생 양배추   개량 양배추

해가 지날수록 감자의 모습은 변해 갔습니다. 알은 조금씩 굵어졌고 영양분도 많아져서 마침내는 오늘날의 감자처럼 두 주먹을 합해 놓은 것만큼 큰 녹말 덩어리가 되었습니다.

야생의 양배추는 바다를 내려다보는 낭떠러지에서 온갖 바람을 다 맞으며 자랐습니다. 줄기는 길쭉했으며 뻣뻣한 녹색 잎은 제멋대로 뻗어 있었죠. 게다가 매운 냄새가 몹시 강하게 풍겼습니다. 그런데 야생의 이 양배추를 누군가 자신의 밭에 옮겨 놓고 기르기 시작했습니다. 이 사람은 볼품없는 이 풀이 어떻게 먹음직한 채소가 될 수 있다는 것을 알았을까요? 어찌되었든 이 사람의 갖은 노력으로 마침내 양배추는 모습을 바꾸었습니다. 줄기는 땅딸막해졌고 잎은 겹겹이 우거져서 희고 부드럽게 되었습니다. 더 나중에는 잎이 너무 많아서 서로 겹치게 되었고 끝내는 오늘날의 모습처럼 둥글게 속이 꽉 찬 모습이 되었습니다.

배나무도 마찬가지입니다. 야생의 배나무는 뻣뻣하고 사나운 가시를 갖고 있었습니다. 열매는 작은 데다 시고 떫고 딱딱했습니다. 씹으면 모래 같아서 잇몸을 들뜨게 할 정도였지요. 상상력이 남다른 한 사람이 고약한 이 배나무 열매를 오늘날 먹는 달콤한 과일로 바꾸어 놓았습니다. 포도도 처음에는 딱총나무 열매만 한 작은 포도알을 갖고 있었습니다. 그런데 사람들의 땀과 손길이 끊임없이 닿아 지금의 포도송이가 되었습니다.

이처럼 사람들의 지혜와 부지런한 손길이 닿아서 야생의 풀과 나무는 오늘날처럼 훌륭한 채소와 과일나무로 변신하게 되었습니다.

빌모랑의 실험

사람이 어떻게 야생 식물을 길들였는지, 파브르가 들려주는 좋은 예가 있습니다. 1832년 빌모랑이 야생 당근을 가지고 한 실험입니다.

길가나 들판에 자라던 야생 당근은 겨우 연필 굵기의 곧은뿌리를 가진 한해살이식물이었습니다. 빌모랑은 첫 해에 거름이 넉넉한 밭에 야생 당근의 씨앗을 뿌렸습니다. 영양분을 많이 주면 뿌리가 뚱뚱해지리라 생각했지요. 하지만 실패였습니다. 야생 당근은 오로지 줄기와 꽃줄기에만 영양분을 보냈습니다.

빌모랑은 이듬해에 다른 실험을 하였습니다. 야생 당근이 자라는 데는 3월에서 10월까지 얼추 여덟 달이 걸리는데, 씨앗을 일부러 4월에 뿌렸습니다. 그런 다음 식물의 줄기가 자랄 때마다 잘라내고 아래쪽의 잎만 남겨 두었습니다. 줄기와 꽃줄기를 자라지 못하게 하여 영양분을 뿌리로 보내려는 속셈이었지요. 하지만 이것도 실패였습니다.

3년째 되던 해에, 빌모랑은 씨앗을 더 늦게 6월 말에 뿌렸습니다. 야생 당근이 자라나 꽃피울 수 있는 시간을 딱 반으로 줄인 것입니다. 하지만 이번에도 뿌리에는 아무런 일도 일어나지 않았습니다.

그런데 그 가운데 대여섯 그루가 조금 이상했습니다. 다른 것에 비해 더디 자라고 줄기를 잘 뻗지 못했습니다. 뿌리에 영양분을 쌓아 두려는 눈치도 보였습니다. 드디어 지름이 약 1.3센티미터 되는 덩이뿌리가 만들어졌지요.

이듬해 봄에 빌모랑은 이 대여섯 그루를 좋은 밭으로 옮겼습니다. 이사를 간 덩이뿌리는 줄기를 마음껏 펼치며 씨앗을 맺었습니다. 그 씨앗을 이듬해에 뿌려 좀 더 살진 덩이뿌리를 얻고 그것의 씨앗을 그 이듬해에 다시 뿌렸습니다. 몇 년을 계속하여 이 일을 하였습니다. 드디어 1839년, 빌모랑의 밭에 있는 대부분의 당근은 아주 훌륭하게 변하였습니다. 어떤 것은 1킬로그램이 넘기도 하였지요. 마침내 야생 당근이 훌륭한 채소 당근이 된 것입니다.

생각해 보세요. 빌모랑은 야생 당근의 고집을 꺾기 위해 7년 동안 끈질기게 실험했습니다. 그리하여 야생으로 돌아가려는 움직임을 막았고 바뀐 모습을 자손에게 물려주도록 만들었습니다.

이처럼 갖가지 원칙을 정해 놓고 살아가는 식물을 아주 조금이라도 고치려 드는 것은 여간 힘들지 않습니다. 식물은 조상들이 지켜온 원칙을 최고로 아는 데다 사람들이 바라는 것 따위에는 관심이 없으니까요.

9.
뿌리와 줄기의 발명품

 뿌리의 다양한 변신 '막뿌리'

뿌리는 똑바로 서 있을 수 있게 지지대 역할을 하고, 물과 영양분을 빨아들이는 역할을 합니다. 우리는 뿌리를 떠올리면 대개 앞에서 보았던 원뿌리나 수염뿌리를 떠올립니다. 모두 땅속에서 얌전히 뿌리를 내리고 있는 모습입니다. 하지만 뿌리는 땅속뿐만 아니라 땅 위까지 올라와 다양한 모습으로 변신하여 식물을 좀 더 튼튼하게 지탱하고, 움직이듯 여러 갈래로 뻗고, 숨을 쉬기 곤란한 곳에서는 공기 중으로 뻗어 나와 숨을 쉽니다. 그리고 다른 식물의 몸에 들러붙어 영양분을 빨아들이기 좋은 뿌리로 변신하기도 합니다(붙살이식물의 뿌리). 그리고 사람의 힘으로 만들어 낸 뿌리도 있습니다. 이렇게 변신한 뿌리를 '막뿌리'라고 합니다.

수십 갈래로 뻗어 나가는 줄기와 막뿌리

토끼풀은 줄기에서 막뿌리를 내어 여러 방향으로 줄기를 뻗습니다. 어디가 시작이고 어디가 끝인지 도무지 알 수 없을 만큼 복잡합니다. 마치 줄기에 발이 달린 것처럼 보입니다. 이렇게 정신 없이 줄기와 막뿌리를 내어 퍼뜨리다 보니 토끼풀은 늘 큰 무

토끼풀
여름이면 풀밭에서 쉽게 볼 수 있다. 토끼가 잘 먹는 풀이라서 '토끼풀'이라는 이름이 붙었다. 흰색 꽃이 공처럼 둥글게 모여 핀다. 꽃이 붉은색 토끼풀은 '붉은토끼풀'이라고 한다.

줄기가 땅 위를 기다 뿌리를 내린 부분

리를 이루고 있습니다. 이렇게 줄기에서 나온 막뿌리는 새롭게 터를 잡고 물과 양분을 빨아올립니다. 또한 토끼풀은 이런 막뿌리를 통해서 번식을 하기도 합니다.

🌿 모진 추위와 바람을 이겨 내기 위한 막뿌리

남극이나 북극에 사는 극지 식물도 바닥에 납작 엎드려 막뿌리를 냅니다. 아이슬란드, 라플란드, 그린란드에서는 몇 종류 안

북극장구채
카네이션처럼 석죽과이지만, 북극에서는 다른 특성을 보인다. 혹독한 추위에 견디기 위해 한 개체의 뿌리에서 수백에서 수천 개의 가지를 뻗어 무덤의 봉분 같은 지상부(땅 위 모습)를 만든다. 치밀하게 만든 이 지상부 덕분에 추위 뿐만 아니라 초식동물에게 먹히는 것도 막을 수 있다. 이 꽃은 지상부의 남쪽면에서 먼저 꽃을 피우고 나중에 북쪽면에서 꽃을 피워 '나침반식물'이라는 별명이 붙었다.

되는 식물들이 너른 들판을 덮고 있습니다. 그런데 그 어느 식물도 키를 키우려 하지 않습니다. 만약 키를 키운다면 칼날 같은 바람을 맞아 곧바로 쓰러지고 마니까요. 그리고 한 가지 더, 튼튼한 막뿌리를 만들어 죽을힘을 다해 땅에 매달립니다. 남극과 북극의 식물은 눈, 바람 등 모진 날씨 때문에 그렇게 살아갈 수밖에 없습니다.

 ## 숨을 쉬기 위한 낙우송의 막뿌리

낙우송은 물을 좋아해서 물가에서만 삽니다. 그래서 뿌리도 자연스럽게 물속으로 뻗게 되지요. 그런데 아무리 물이 좋아도 숨을 쉬어야만 살 수 있습니다. 하지만 물속에서는 숨을 쉴 수가 없지요. 그래서 낙우송은 울퉁불퉁한 막뿌리를 땅 위로 올려 보내 숨을 쉽니다.

 ## 줄기일까, 뿌리일까? 맹그로브의 막뿌리

열대나 아열대에 사는 맹그로브는 공기뿌리를 가지고 있습니다. 바닷물과 강물이 만나는 곳에 쌓여 있는 진흙땅을 좋아하지요. 마치 복잡하게 뒤엉킨 활처럼 생긴 맹그로브의 공기뿌리는 진흙 속에 박혀 있는 부분도 있지만 땅 위나 물 위로 나와 있는 부분도 2미터 남짓 됩니다. 공기뿌리는 줄기 또는 가지의 아랫부분에서 벋어 나와 물이나 진흙에 박히게 되지요.

맹그로브 공기뿌리
진흙 위나 물 위에 나와 있는 공기뿌리로 숨을 쉬며 이들이 얽히고설켜서 하나의 맹그로브 숲을 이룬다. 중간 중간 맹그로브 열매가 싹 튼 채 진흙에 떨어져 있다.

나무에 달린 채 싹을 틔운 씨앗이 그대로 떨어져 어미나무 바로 밑에서 자라난다.

땅 위나 물 위로 나와 있는 공기뿌리에는 작은 껍질눈들이 있어서 공기를 들이마실 수 있습니다. 이곳으로 들어온 공기는 진흙이나 물속에서 숨도 쉬지 못하고 있는 뿌리로 공기를 보내 줍니다.

대부분의 맹그로브는 한 그루가 아니라 여러 그루의 공기뿌리들이 서로 얽혀 전체가 숲을 이루는 경우가 많습니다. 이것은 맹그로브의 씨앗이 특이하게 싹 트기 때문에 일어나는 일입니다. 맹그로브의 열매는 더러 어미 나무에서 떨어져 나와 바닷물에 떠다니다가 다른 곳에서 싹 트기도 합니다. 하지만 어떤 열매는 어미 나무에 붙은 채 싹 틉니다. 이때 50센티미터 남짓 어린뿌리를 기른 모습으로 아래로 떨어져 내리는데, 아무래도 어미 나무와 가까운 곳에 떨어지게 되니 여러 그루가 얽힐 수밖에 없지요.

나무 한 그루로 숲을 만든 인도고무나무

그런가 하면 인도에는 매우 특이한 나무가 있습니다. 새 가지가 자꾸만 늘어나서 줄기가 버틸 수 없을 만큼 무거워지면 나무의 위쪽 가지에서 곧바로 막뿌리가 뻗어 나오는 나무입니다. 바로 인도고무나무입니다. 인도고무나무의 막뿌리는 처음에는 밧줄처럼 공중에 매달려 있습니다. 하지만 얼마 안 가 땅에 닿아

흙 속에 뿌리를 내리는데, 땅에 닿은 막뿌리는 마치 무거운 가지를 떠받치고 있는 기둥처럼 보입니다. 해마다 가지는 뻗어가고 그것을 받치는 기둥도 해마다 내려와 땅과 닿습니다. 그래서 나중에는 여러 개의 기둥이 전체 나무를 받치고 있는 모양이 됩니다. 한 그루의 나무이지만 몇 천 개의 기둥 때문에 마치 우거진 푸른 숲처럼 보입니다. 이때 아래로 뻗은 기둥들은 모두 막뿌리이지만 시간이 흐르면서 진짜 줄기와 같아집니다. 이런 나무는 영원에 가까운 오랜 세월을 별 어려움 없이 살 수 있지요.

이렇게 어떤 식물은 본디 자신이 가진 줄기와 뿌리에 만족하지 않습니다. 사는 곳의 사정에 따라 막뿌리를 내고 막뿌리를 줄기로 바꾸기도 합니다. '필요는 발명의 어머니'라는 말처럼 식물

◀ **인도고무나무**
인도고무나무는 줄기에서 수천 개가 넘는 막뿌리를 만들어 낸다. 이렇게 만들어진 막뿌리는 땅에 내려오면 물과 양분을 빨아들여 줄기로 운반한다. 그리고 기둥처럼 단단한 지지대 역할을 하기도 한다.

▼ 인도고무나무 막뿌리 확대

은 재치 있는 발명을 척척 해냅니다. 어떤 어려운 환경에서도 살아남기 위하여 끈질기게 노력하는 식물이야말로 어려움 앞에서 쉽게 꿈을 포기하는 사람들에게 좋은 본보기가 될 것입니다.

농부의 손길로 만들어지는 막뿌리

그런데 스스로 알아서 발명품을 만드는 식물이 있는가 하면 사람의 손길을 받아야 막뿌리를 내는 식물도 있습니다.

가장 쉬운 예로, 파브르는 옥수수를 가리킵니다. 키만 멀쑥한 옥수수는 그대로 내버려 두면 막뿌리를 내지 않습니다. 그런 옥수수를 바라보는 농부들의 마음은 좋지 않습니다. 비바람이 불어 줄기가 쓰러지기라도 하면 맛있는 옥수수 열매를 거둘 수 없게 되니까요. 그래서 농부들은 옥수수의 줄기와 뿌리가 만나는 곳에 흙을 좀 더 끼얹어 줍니다. 그러면 얼마 안 가 줄기의 아랫부분에 막뿌리 다발이 나타나고 이 막뿌리가 멀쑥한 줄기를 더 튼튼

옥수수
수천 년 전부터 남북 아메리카 대륙에서 널리 재배되던 작물이다. 우리나라에는 16세기에 중국을 통해 들어왔다.

하게 받쳐 주지요.

 이것 말고도 막뿌리를 나게 하는 다른 방법이 있습니다. 나무의 가지를 휘어서 땅에 묻는 방법이지요. 그러면 막뿌리가 생겨나 어린나무를 빨리 독립시킬 수 있습니다. 이를 휘묻이라 합니다.

 카네이션의 가지는 잘 구부러지기 때문에 휘묻이하기에 좋습니다. 먼저, 잔가지가 나 있는 카네이션의 어린 줄기를 눕혀서 구부립니다. 그런 다음 구부러진 부분을 흙 속에 넣어 꺾쇠로 단단히 잡아맵니다. 줄기의 나머지 부분은 흙 위쪽으로 나오게 합니다. 이렇게 하면 흙에 눌려 힘들어하는 줄기가 안쓰러워 어미 그루는 재빨리 수액을 보내 막뿌리 만드는 일을 돕습니다.

 솔직히 말해, 바라지도 않았는데 흙 속에 파묻히거나 휘묻이 당한 식물은 불쌍합니다. 사람의 속임수에 꼼짝없이 당하고 말

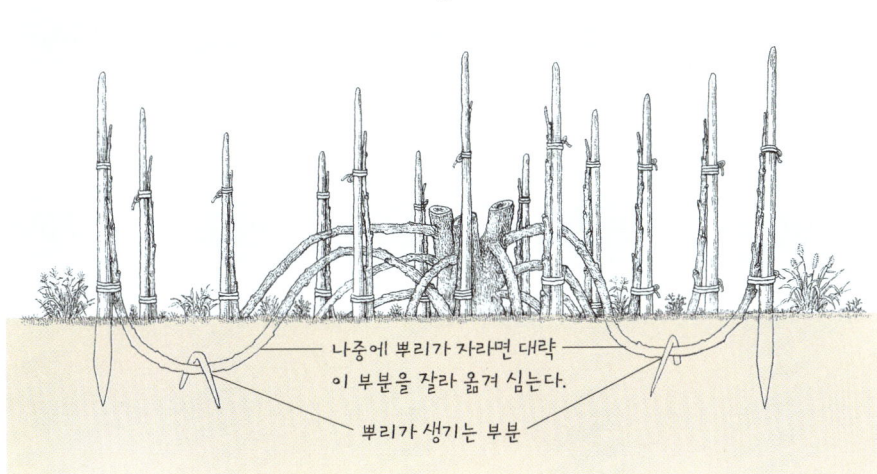

휘묻이

나중에 뿌리가 자라면 대략 이 부분을 잘라 옮겨 심는다.

뿌리가 생기는 부분

앉으니까요. 하지만 어떤 식물은 억지로 휘게 하거나 파묻지 않았는데도 곧바로 뿌리를 내리기도 합니다.

사람의 수고를 덜어 주는 그런 식물로 파브르는 버드나무를 가리킵니다. 버드나무의 가지를 베어 내어 잔가지를 잘라내고 막대처럼 만듭니다. 그리고 이 막대의 한쪽을 흙 속에 묻습니다. 위쪽이든 아래쪽이든 괜찮습니다. 버드나무는 바로 꽂아도 거꾸로 꽂아도 며칠 만에 뿌리를 내리지요. 버드나무는 고집이 세지 않아서 물기 있는 흙만 주면 곧바로 즐겁게 뿌리를 내립니다.

이렇게 하는 것을, 어미나무에서 가지를 잘라 땅에 꽂는다 하여 꺾꽂이라 부릅니다. 그런데 아무 나무나 꺾꽂이를 하는 것은 아닙니다. 꺾꽂이하기에 좋은 나무는 따로 있습니다. 나뭇결이 부드럽고 물을 많이 머금은 나무는 꺾꽂이를 하면 쉽게 뿌리를 내립니다. 그래서 버드나무나 제라늄의 꺾꽂이에 실패하는 사람은 거의 없습니다. 반대로 나뭇결이 단단한 식물은 꺾꽂이를 좋아하지 않습니다. 이런 식물은 고집이 얼마나 센지 유리 인큐베이터나 온실 따위에서도 끝까지 버팁니다. 기운이 다 빠져 누르스름한 얼굴이 되어도 새로운 환경을 받아들이지 않지요. 참나무를 꺾꽂이 해 보세요. 죽었으면 죽었지 결코 새로운 뿌리를 내지 않을 것입니다.

장 앙리 파브르가 걸어온 길

1823년	12월 21일, 남프랑스에 있는 오래된 마을 생레옹에서 가난한 농부 앙트완과 어머니 빅트와르 사이에서 첫아들로 태어났다.
1825년	동생 프레데릭이 태어났다.
1827년	동생이 태어나자 생활이 더욱 어려워졌다. 그래서 파브르는 깊은 산골마을인 마라바르의 할아버지 댁에 맡겨졌다.
1830년	파브르는 초등학교에 들어가기 위해 다시 생레옹으로 돌아왔다. 먼 친척인 리카르가 수업을 맡았다. 파브르는 비로소 읽기와 쓰기를 배울 수 있었다.
1832년	파브르 가족이 로데즈 시로 이사했다. 아버지는 작은 카페를 열었고, 파브르는 왕립 중학교에 입학해서 그리스 어와 라틴 어를 배웠다. 학비를 면제받는 대신, 학교 합창반에서 활동했다.
1837년	아버지가 운영하는 카페가 잘 되지 않자, 다시 툴루즈로 이사했다. 파브르는 레스킬 신학교에 입학했다.
1838년	아버지가 툴루즈에서도 사업이 잘 되지 않자, 몽펠리에로 이사하여 카페를 열었다. 파브르는 의학에 관심이 많았지만 돈이 없었기 때문에 학업을 그만두고 돈을 벌어야 했다. 파브르는 시장에서 레몬을 팔았고 철도 노동자로 일했다.
1839년	파브르는 아비뇽에 있는 사범학교의 장학생 모집 시험에 응시해서 수석으로 입학했다.
1840년	파브르는 3년 학업 과정을 2년 만에 마치고 교사가 되기 위한 시험을 통과했다. 나머지 1년 동안은 박물학, 라틴 어, 그리스 어를 공부했다. 이 시기에 화학을 처음 알게 되었다.
1842년	사범학교를 졸업하고 카트팡트라스에 있는 초등학교 교사가 되었다. 그 당시 교사 월급이 무척 적었지만, 파브르는 매우 열성적으로 가르쳤고 학생들에게 존경을 받았다.

1843년	파브르는 일주일에 한 번씩 들판에서 학생들과 수업을 했다. 이때 미장이꽃벌을 발견하게 되었다. 파브르는 몇 푼 안 되는 월급을 털어 『절지동물의 자연사』를 샀다. 이 책은 늘 파브르의 책장에서 가장 좋은 자리에 꽂혀 있었다. 파브르가 곤충학에 관심을 갖게 된 결정적인 계기가 되었기 때문이다.
1844년	10월 3일 동료 교사인 마리 비야르와 결혼했다. 비야르는 재단사의 딸로 파브르보다 세 살이 많았다. 파브르는 수학, 물리학, 화학을 독학했다.
1845년	첫딸 엘리자베트가 태어났다.
1846년	4월 30일 엘리자베트가 죽었다. 파브르는 몽펠리에 대학 입학 자격 시험에 합격했다.
1847년	몽펠리에 대학에서 수학 학사 학위를 받았다. 첫아들 장이 태어났다.
1848년	몽펠리에 대학에서 물리학 학사 학위를 받았다. 6월 6일 장이 죽었고, 6월 29일 파브르는 초등학교 교사를 그만두었다.
1849년	파브르는 코르시카 섬 아작시오의 국립 중학교에서 물리학을 가르쳤다. 코르시카의 식물 세계는 파브르를 매혹하기에 충분했다. 파브르는 아작시오에서 저명한 생물학자 르퀴앙과 만났다. 르퀴앙은 파브르에게 패류학과 식물학을 가르쳐 주었고, 툴루즈 대학의 박물학 교수 모캉 당통을 소개해 주었다.
1850년	10월 3일 둘째 딸 안드레아가 태어났다.
1851년	파브르는 모캉 당통 교수와 함께 15일을 보냈다. 모캉 당통은 식물 관찰 기록을 쓸 때 문체와 형식이 얼마나 중요한지를 가르쳐 주었다. 또 당통은 파브르에게 박물학 공부를 권했다. 파브르는 이를 계기로 박물학자의 길을 택했다.
1853년	아비뇽 사범학교의 조교수가 되었다. 물리학과 화학을 가르쳤다. 5월 25일 셋째 딸 아그라에가 태어났다. 아그라에는 삶의 대부분을 아버지와 함께 보냈다.
1854년	툴루즈 대학에서 박물학 학사 학위를 받았다. 의사이자 자연주의자인 레옹 뒤프르가 혹노래기벌의 생활 습성에 관해 쓴 책을 읽고 큰 충격을 받았다. 그리고 곤충의 이름을 붙이고 분류하는 것을 뛰어넘어 곤충의 생태를 연구하는 것에 관심을 갖기 시작했다.
1855년	8월 24일 넷째 딸 클레르가 태어났다. 가족이 늘어났고 지출이 늘어났다. 파브르는

	보충수업을 해서 돈을 벌어야 했다. 「누에콩 속의 꽃과 열매를 관찰」 등 식물에 관한 논문을 잇달아 발표했다.
1856년	혹노래기벌 연구로 프랑스 학사원으로부터 실험 생리학 분야의 몽티용 상을 받았다. 논문은 혹노래기벌의 습성과 그 애벌레의 먹이인 딱정벌레류를 어떻게 장기간 보존하는지 연구한 내용이었다. 레옹 뒤프르는 파브르에게 축하와 찬사의 편지를 보냈다. 파브르는 계속해서 다른 곤충을 연구했지만 경제적으로 어려웠다. 염색 공장에서 사용되는 중요한 원료인 꼭두서니를 연구하기 시작했다.
1857년	「남가뢰와 과변태」 등 여러 주제의 논문을 발표했다.
1859년	찰스 다윈은 파브르를 '최고의 관찰자'라고 칭찬했다. 하지만 파브르는 평생 동안 다윈의 이론에 반대했다. 파브르는 순수한 꼭두서니 가루를 제조하는 법을 발명해서 특허를 얻었다.
1860년	꼭두서니를 공업적으로 이용할 수 있는 공정을 개발해서 두 번째 특허를 받았다. 식물학자 드라크르와 친하게 지냈다.
1861년	4월 9일 둘째 아들 쥘이 태어났다.
1862년	파브르가 쓴 최초의 교과서인 『농업화학 기초 강의』가 아제트 사에서 출간되었다.
1863년	2월 26일 셋째 아들 에밀이 태어났다. 빅토르 뒤루이가 교육부 장관이 되었다. 「곤충의 오줌에 들어 있는 지질 조직의 역할에 관한 연구」 논문을 발표했다.
1865년	파스퇴르가 파브르를 만나려고 아비뇽을 찾아왔다. 미생물 연구자인 파스퇴르는 누에 농사를 망치는 원인 모를 전염병을 연구하고 있었다. 하지만 파스퇴르는 누에에 대해 아는 게 없었기 때문에 파브르의 도움이 필요했던 것이다. 파브르는 『대지』를 출판했다.
1866년	르키앙 박물관의 관장이 되었다. 철학자이자 경제학자인 존 스튜어트 밀이 박물관을 방문했을 때, 서로 친구가 되었다. 프랑스 학사원으로부터 제네르 상을 받았다. 파브르는 여전히 꼭두서니의 염료를 개선하는 연구를 하고 있었다. 사범학교 교수에 임명되었다.
1867년	뒤루이 교육부 장관과 친구가 되었다. 뒤루이는 파브르를 파리로 초대했고 나폴레옹 3세와 만나게 해 주었다. 파브르는 야간 성인 학교 박물학과의 강사가 되었다. 파브르는 꼭두서니 색소의 공업화에 성공했지만, 독일에서 인공 알리자린이 발명

	되어 파브르의 노력은 끝내 결실을 맺지 못했다.
1870년	성직자와 보수적인 교육자 들이 파브르가 성인 학교에서 강의하는 것을 비난했다. 파브르는 교수를 그만두었다. 파브르는 존 스튜어트 밀에게 돈을 빌려 오랑주로 이사했다. 식구가 많아 생활이 어려웠다.
1871년	프랑스와 러시아가 전쟁을 하는 터에 파리에서 책의 원고료와 인세가 들어오지 않자 생활이 더욱더 어려워졌다. 파브르는 대학 공부를 완전히 그만두고 곤충 연구에 집중했다. 또 청소년 과학책을 쓰기도 했다.
1873년	르키앙 박물관 관장을 그만두었다. 존 스튜어트 밀과 함께 식물을 연구하기로 했지만, 밀이 죽고 말았다. 파리의 동물 애호회로부터 감사장을 받았다. 수학, 식물, 물리학에 관한 책을 출판했다.
1877년	9월 14일 가장 사랑했던 둘째 아들 쥘이 죽었다. 쥘은 학문과 예술에 재능이 많았다. 파브르는 쥘이 좋아했던 세 가지 곤충에 쥘의 이름을 따서 이름을 붙여 주었다. 그것은 율리우스노래기벌(*Cerceris julii*), 율리우스왜코벌(*Bembex julii*), 율리우스나나니(*Ammophila julii*)이었다. 프랑스 어 쥘은 라틴 어로 율리우스이다.
1878년	쥘의 죽음으로 몸이 쇠약해졌다. 그해 겨울에 폐렴에 걸려 죽음의 문턱에서 가까스로 살아남았다. 『파브르 곤충 이야기』 제1권 원고를 완성했다.
1879년	파브르는 도시 생활을 버리고 세리냥의 마을 외곽으로 이사를 갔다. 그곳을 '아르마스'라고 불렀다. 아르마스에는 곤충과 꽃이 많았다. 『파브르 곤충 이야기』 제1권을 드라그라부 사에서 출판했다.
1881년	프랑스 학사원의 통신 회원으로 추천되었다.
1882년	『파브르 곤충 이야기』 제2권을 출간했다. 82세가 된 아버지와 다시 함께 살기 시작했다.
1885년	부인 마리 비야르가 64세의 나이로 죽었다. 셋째 딸인 아그라에가 집안 살림을 꾸려 나갔다. 파브르는 버섯 수채화를 그리기 시작했다.
1886년	『파브르 곤충 이야기』 제3권을 출간했다.
1887년	딸 클레르가 결혼했다. 파브르는 가정부인 23세의 조세핀 드데르와 재혼했다. 프랑스곤충학회는 파브르를 통신 회원으로 받아들이고 드르휴스 상을 수여했다.

1888년	아들 에밀이 결혼했다. 조세핀과 사이에서 아들 폴이 태어났다. 폴은 나중에 사진 기술을 배워서 아버지에게 많은 도움을 주었다.
1889년	프랑스 학사원은 권위 있는 프티 드루모 상과 10,000프랑을 파브르에게 수여했다. 교과서와 과학 전문책들 인세가 꽤 많이 들어왔다.
1890년	딸 포린이 태어났다.
1891년	넷째 딸 클레르가 죽었다. 『파브르 곤충 이야기』 제4권을 출간했다.
1892년	벨기에곤충학회의 명예 회원으로 추대되었다.
1893년	파브르의 아버지가 93세의 나이로 죽었다. 12월 31일 딸 안나가 태어났다. 파브르는 큰공작산누에나방에 관해 연구했다.
1894년	프랑스곤충학회 명예 회원으로 추대되었다. 금풍뎅이와 꿀꿀이바구미, 전갈 들을 연구했다.
1897년	아르마스의 집에서 세 명의 자식들에게 교육을 시작했다. 부인 조세핀도 함께 수업을 들었다. 파브르는 아이들의 호기심과 탐구심을 중요하게 생각했다. 『파브르 곤충 이야기』 제5권을 출간했다.
1898년	딸 안드레아가 툴롱에서 죽었다.
1900년	『파브르 곤충 이야기』 제6권을 출간했다.
1901년	『파브르 곤충 이야기』 제7권을 출간했다.
1902년	러시아, 프랑스, 런던, 스웨덴곤충학회 명예 회원으로 추대되었다.
1903년	『파브르 곤충 이야기』 제8권을 출간했다.
1905년	프랑스 학사원으로부터 쥬니에 상을 받았다. 『파브르 곤충 이야기』 제9권을 출간했다.
1907년	『파브르 곤충 이야기』 제10권을 출간했다. 『파브르 곤충 이야기』는 수많은 과학자들이 인정하는 책이었지만 대중적인 인기는 없었기 때문에 잘 팔리지는 않았다. 제자인 르그로 박사는 파브르의 어려운 경제 사정에 깜짝 놀랐다.
1909년	『파브르 곤충 이야기』 제11권을 쓰기 시작했지만 몸이 몹시 쇠약해졌다. 『왕풍뎅

	이 시인의 프로방스 어』라는 시집을 출간했다. 이 책은 파브르의 생애 마지막 책이 되었다.
1910년	친구, 제자, 독자 들이 모여 파브르를 위한 기념회를 열었다. 파리자연사 박물관 관장 에드몽 페리에가 파브르의 공적을 기리는 연설을 했다. 이 기념회 덕분에 『파브르 곤충 이야기』는 세계적으로 크게 알려지게 되었다. 또 파브르는 스톡홀름 학사원으로부터 린네 상을 받았다. 이 시절의 파브르는 기력이 거의 남아 있지 않았다. 단지 몇 걸음 정도를 걸을 수 있었고 시력이 매우 나빠져서 글을 읽는 것조차 힘들었다.
1911년	파브르를 노벨상 후보로 추대하는 움직임이 시작되었다. 하지만 프랑스 학사원은 다른 후보를 추천했다.
1912년	7월 3일, 부인 조세핀이 48세의 나이로 죽었다. 파브르는 딸 아그라에와 간호사의 도움을 받아야 겨우 움직일 수 있었다.
1913년	문화공보부 장관과 푸앵카레 대통령이 잇달아 찾아와서 파브르의 업적을 높이 기렸다. 『파브르 곤충 이야기』의 최종 도해판이 출간되었다. 아들 폴이 찍은 200여 장의 사진이 함께 실렸다. 10권 이후에 쓴 원고는 11권이 되지 못하고 10권 부록으로 실리게 되었다.
1914년	제1차 세계대전이 시작되었다. 아들 폴이 전쟁에 나갔다. 셋째 아들 에밀과 동생 프레데릭이 죽었다.
1915년	파브르는 서서히 죽음을 맞이했다. 파브르는 죽는 날까지 곤충에 대한 이야기를 했다. 10월 11일 91세의 나이로 사망했고, 시신은 세리냥의 묘지에 묻혔다.

찾아보기

ㄱ

가지 14, 15, 21, 23, 28, 31, 57, 60, 63, 67, 110, 117, 143, 144, 145, 147, 148.
갈대 84, 113
갈대류 113
감 80
감자 36, 47, 48, 49, 50, 51, 52, 54, 82, 132, 133
강낭콩 82
강아지풀 84, 111
강장동물 10, 11
개량 양배추 134
겉씨식물 90, 92, 93
게 16
겨울눈 22, 24, 28, 29, 30, 31, 32, 33, 34, 35, 36, 38, 39, 43
곁눈 30, 38
곁뿌리 129
계피 10
고구마 51, 52, 54

고등 민꽃식물 81
고등식물 78, 79, 80, 81, 82, 88, 90
고무나무 105, 106
고무액 105
고생대 92
곧은뿌리 110, 129, 130, 131, 135
곰팡이 80
공기뿌리 135, 143, 144
관다발 57, 58, 60, 79, 80, 81, 82, 83, 84, 85, 87, 88, 90, 91, 92, 93
광합성 79
괴산 읍내리 은행나무(천연기념물 제165호) 74
구슬눈 43, 44, 45, 56
굴참나무 99, 100
규소 114, 115, 141
균계 81
균류 80
그물맥 87, 88

금산 보석사 은행나무(천연기념물 제365호) 74
금산 요광리 은행나무(천연기념물 제84호) 74
기나나무 102
기는줄기 119, 120, 121
긴잎느티나무 74
꺾꽂이 148
껍질눈 30, 38, 99, 100
꽃 13, 15, 24, 28, 30, 32, 33, 34, 38, 39, 48, 79, 81, 112, 117, 119, 120, 123, 124, 125, 136, 141
꽃눈 35, 38, 39, 112
꽃받침 32, 35, 82, 86, 87, 89
꽃봉오리 13, 35, 36, 39, 44
꽃부리 87
꽃잎 15, 33, 35, 82, 89
꽃줄기 124, 125, 135
끝눈 38

ㄴ

나란히맥 87, 88
나무껍질 58, 61, 66, 70, 81, 97, 99, 100, 101, 102, 104, 105, 106, 107
나무속 83, 91
나뭇가지 31, 91
나뭇진 30, 31
나이테 61, 62, 63, 66, 67, 68, 91
나팔꽃 82, 119
낙우송 142, 143
난쟁이야자나무 130
내려가는 수액(하강수액) 58
너도밤나무 90, 110
노각나무 99
녹말 132, 134
눈 17, 21, 22, 24, 28, 29, 32, 34, 37, 44, 48, 50, 51, 52, 53, 56, 57, 58, 60, 124
눈비늘 28, 29, 30, 31, 32, 33, 36
눈비늘 조각 43
느릅나무 90, 100, 130
느티나무 74, 99

ㄷ

단풍나무 90, 130
담수조 93
담쟁이덩굴 119, 120
당근 36, 130, 132, 135, 136
대나무 114
대나무류 113
덧눈 38
덩굴식물 117, 119
덩이뿌리 52, 53, 133, 136
덩이줄기 48, 49, 50, 51, 52, 53, 56, 133
데본기 92
도토리 133
독립하는눈 42, 43, 45, 47, 54, 56, 58
돌콩 118, 119
동물계 80
동물성 플랑크톤 16
둥굴레 123, 124
등나무 119
딱총나무 134
딸기 120
땅속줄기 48, 122, 123, 124
떡갈나무 87
떡잎 79, 82, 85, 86, 88, 89, 90

떨기나무 117

ㄹ

라일락 24

ㅁ

막뿌리 140, 141, 142, 143, 144, 145, 146, 147
말로우 130
맨눈 34, 37
맹그로브 143, 144
모과나무 99
목재 96, 107
무 130
무떡잎식물 90
무화과 102
물고기 16
물관 58, 59, 60, 61, 62, 83, 85, 97
물관부 57, 83, 96, 97
물재배 51, 52
미토콘드리아 102
민꽃식물 81
민들레 102
밀 86, 113

ㅂ

바나나 87
바니시 31
바오밥나무 72
박주가리 102, 103, 118, 119
밤나무 63, 65, 66, 67, 68, 82, 113
밤톨 67
배나무 132, 134
배롱나무 99
배추 82
백목련 35, 38
백악기 93
백합 84, 86
백합과 86
뱀딸기 120, 121
버드나무 90, 148
버섯 80
번식 141
벗나무 99, 100, 101
벼 84, 86, 113, 114, 131
벼과식물 114
보리 84, 86, 113
복숭아나무 99, 100
봉숭아 82
부름켜 61
북극장구채 142

붉은인동덩굴 119
붉은토끼풀 141
붙박이눈 42, 56, 58
붙살이식물 140
붙음뿌리 119, 120
브리슬콘 소나무 72
비늘 46, 124, 125
비늘 조각 29, 43, 44, 45, 47, 54
비늘잎 45, 46, 125
비늘줄기 56, 58, 124
빌모랑 135, 136
뿌리 42, 45, 46, 47, 48, 49, 50, 51, 52, 53, 54, 56, 57, 58, 59, 60, 63, 65, 67, 68, 79, 80, 81, 82, 89, 117, 123, 124, 128, 129, 131, 132, 135, 136, 140, 141, 142, 145, 146, 148

ㅅ

사시나무 110
사포딜라 104
산소 100
산수유 39
산호 10, 15, 17, 19, 20, 42, 68

살찐줄기식물 119, 121
삼나무 90
삼척 도계리 긴잎느티나무
 (천연기념물 제95호) 74
상승수액 57, 58, 59, 60, 61
상추 86
새싹 35, 36, 47, 52
새우 16
생강나무 39
서양민들레 103
석탄기 92
선인장 121
선태식물 93
세균 101
세쿼이아 70
세포 61, 62, 68, 89, 96, 97, 98, 100
세포벽 98, 102
세포질 102
소나무 31, 90, 99, 101
속씨식물 90, 92, 93
송악 119
송진 31
수선화 124
수수꽃다리 20, 21, 22, 23, 24, 33
수술 35, 44

수액 60, 147
수양버들 110
수염뿌리 89, 129, 130, 131
수피(나무껍질) 96
순무 132
식물 세포 102
식물계 80
식물분류학 78, 79
식물학자 78
신생대 93
실루리아기 92
싹 13, 30, 31, 32, 33, 38, 45, 48, 50, 67, 128, 143, 144
쌍떡잎 110
쌍떡잎식물 78, 82, 83, 85, 86, 87, 88, 90, 93, 110, 111, 115
씨방 35, 79
씨앗 85, 86, 128, 135, 136, 143, 144

ㅇ

아형 34, 35
알곡류 113
암술 35, 44
양평 용문사 은행나무(천연기념물 제30호) 74
애기똥풀 102, 103
액포 102
야생 당근 135, 136
야생 양배추 134
야자나무 84, 91, 111
양귀비 103
양배추 132, 133, 134
양버즘나무 99, 101, 110
양분 141, 145
양치식물 81, 90, 92, 93
양파 45, 46, 47, 54, 58
어린눈 21, 37, 42, 54, 85, 86
어린잎 34, 36
어미나무 144
여름눈 37
열대성 90
열대지방 90
열매 66, 67, 79, 102, 107, 120, 124, 133, 134, 144, 146
엽록소 49
엽록체 102
엽액 20
영양분 97, 106, 123, 125, 133, 135, 136
영월 하송리 은행나무(천연기념물 제76호) 74
오동나무 35
오르도비스기 92
옥수수 84, 132, 146
올라가는 수액(상승수액) 58
왕원추리 86, 87
외떡잎식물 78, 82, 84, 85, 86, 87, 88, 90, 93, 110, 111, 112, 115, 131
용설란 124
용혈수 72
우유나무 104
운지버섯 80
원뿌리 89, 129, 131
원시림 91
원줄기 63
유관속 형성층 57, 97
유럽밤나무 70, 74
유액 102, 103, 104, 105
유엽태 34, 35
육계나무 101
육지 식물 80
육상 식물 92
은행나무 72, 73, 74, 82
음나무 38
이끼류 81, 92

이산화탄소 100
인도고무나무 144, 145
잎 21, 24, 28, 30, 32, 33, 34,
　39, 44, 45, 46, 48, 50, 52,
　53, 56, 59, 60, 67, 79, 81,
　84, 87, 91, 115, 119, 122,
　123, 125, 130, 133, 135
잎겨드랑이 20, 21, 38, 43,
　124
잎눈 35, 38, 39
잎맥 36, 82, 87, 88
잎사귀 132
잎자국 30, 38
잎집 114

ㅈ

자이언트 세쿼이어 71
자작나무 99, 100
작물 146
작살나무 36, 37, 38
잔가지 21, 38, 48, 57, 147,
　148
잔디 84
잔뿌리 52, 58
장미 86, 87
전나무 90

정선 두위봉 주목(천연기념물
　제433호) 74
제3기 93
제4기 93
제너럴 셔먼 71
제라늄 148
제주 성읍리 느티나무 및 팽
　나무 군(천연기념물 제61호)
　74
조류 79, 90
종자 92
종자식물 92, 93
주목 72, 74
줄기 15, 28, 43, 44, 45, 46,
　47, 48, 49, 50, 52, 53, 54,
　57, 63, 65, 66, 67, 68, 71,
　79, 81, 82, 83, 84, 85, 96,
　101, 105, 110, 112, 113,
　114, 115, 117, 118, 119,
　120, 121, 122, 124, 128,
　130, 131, 135, 136, 140,
　143, 144, 145, 146, 147
중생대 93
쥐라기 92, 93
지난해물관부(1기 물관부) 57
지난해체관부(1기 체관부) 57
지의류 81, 90

지중해 19, 70
지질학 90
쪽동백나무 36, 37, 38

ㅊ

차축조류 93
참깨 86
참나리 43, 44, 45, 54
참나무 63, 65 68, 69, 70,
　82, 90, 98, 102, 110, 111,
　130, 148
채소 132, 136
채송화 86
체관 58, 59, 60, 61, 83, 85,
　97
체관부 57, 83, 96, 97
촉수 11, 12, 13, 15, 16
추잉껌나무 104
추재 62
춘재 61, 62
칠엽수 29, 30, 35
칡 116, 117, 118, 119
침엽수 90

ㅋ

코르크 97, 98, 99
코르크참나무 98

코르크층 57, 83, 96, 97, 98, 100
코르크형성층 57, 83, 96, 97, 98
콩과식물 119
큰키나무 117, 131
키니네 102

ㅌ

타닌 102
테레빈 기름 106
토끼풀 140, 141
튤립 124
트라이아스기 92

ㅍ

판다누스 111, 112
페름기 92
포도 132, 134
포자 79, 81
포자식물 92, 93
폴립 15, 16, 17, 19, 21, 42
표피 8, 96, 97, 98
프랑스 노르망디 알로빌 참나무 68, 69
플라타너스 99
피나물 102, 103

피라미드 17, 68
피층 83

ㅎ

하강수액 57, 59, 60, 61
하등식물 78, 79, 80, 81, 82, 88, 90
학명 79
한해살이식물 36, 135
한해살이풀 83
해파리 10
핵 102
형성층 58, 61, 62, 68, 83, 84, 88, 96
호랑버들 38
호박 36, 82, 132
홀씨 81
화살나무 100
환경미화원 81
환삼덩굴 118, 119
휘묻이 147, 148
히드라 8, 10, 11, 12, 13, 14, 15, 16, 20, 42
히아신스 84, 124, 125
히아신스 꽃 125

1년생 가지 38

2년생 가지 3

파브르 식물 이야기 1

2010년 7월 15일 1판 1쇄
2025년 3월 31일 1판 13쇄

글쓴이 : 장 앙리 파브르 | 풀어쓴이 : 추둘란 | 그린이 : 이제호

기획·편집 : 최일주, 이혜정, 김언수 | 사진 및 그림 설명글 : 최일주, 이혜정 | 디자인 : 권소연 | 교정 : 최문주 | 제작 : 박홍기 | 마케팅 : 양현범, 이장열, 김지원 | 홍보 : 조민희 | 출력 : 한국커뮤니케이션 | 인쇄 : 코리아피앤피 | 제책 : J&D바인텍

펴낸이 : 강맑실 | 펴낸곳 : (주)사계절출판사 | 등록 : 제 406-2003-034호 | 주소 : (우)10881 경기도 파주시 회동길 252 | 전화 : 031)955-8588, 8558 | 전송 : 마케팅부 031)955-8595, 편집부 031)955-8596
홈페이지 : www.sakyejul.net | 전자우편 : skj@sakyejul.com
페이스북 : facebook.com/sakyejulkid | 블로그 : blog.naver.com/skjmail | 인스타그램 : instagram.com/sakyejulkid

사진 : 김성철 (73p 용문산 은행나무) | 김필연 (143p 맹그로브) | 김향란 (72p 마다가스카르의 바오밥나무) | 동아엔싸이버 (145p 인도고무나무, 인도고무나무 막뿌리 확대) | 꿈지락 (35p 오동나무 겨울눈 | 81p 이끼, 고사리, 고사리 포자 | 119p 등나무) | 서효원 (142p 북극장구채) | 윤태옥 (105p 고무나무 고무 추출) | 전영우 (71p 자이언트 세쿼이아 제너럴 셔먼 | 72p 브리슬콘 소나무 | 정연규 (18~19p 산호 | 19p 산호 폴립 열린 모습, 산호 폴립 닫힌 모습) | 이혜정 (30p 다 자란 칠엽수의 꽃과 잎 | 87p 장미) | 최일주 (30p 칠엽수 겨울눈 눈비늘, 털로 덮인 칠엽수 눈, 칠엽수 겨울눈 나뭇진으로 덮인 연두색 조직, 칠엽수 겨울눈 속 초록색 싹, 칠엽수 겨울눈 가로로 자른 모습 | 35p 오동나무 겨울눈 가로 속, 오동나무 겨울눈 세로 속, 오동나무 꽃 속, 칠엽수 겨울눈, 칠엽수 겨울눈 가로 속, 칠엽수 새싹과 꽃봉오리, 백목련 겨울눈, 백목련 겨울눈 가로 속, 백목련 겨울눈 세로 속, 백목련 꽃 속 | 37p 쪽동백나무 꽃 | 87p 떡갈나무 잎맥, 떡갈나무 잎맥 확대 | 119p 붉은인동덩굴 | 125p 히야신스 꽃) | Copyright ⓒ Thomas Pakenham. All Rights reserved. From 『Remarkable Trees of the World』 by Thomas Pakenham, published by Wiedenfeld & Nicolson, an imprint of The Orion Publishing Group, London.(69p 프랑스 노르망디 알로빌 참나무)

ⓒ 추둘란, 이제호 2010

값은 뒤표지에 적혀 있습니다. 잘못 만든 책은 구입하신 서점에서 바꾸어 드립니다.
사계절출판사는 성장의 의미를 생각합니다. 사계절출판사는 독자 여러분의 의견에 늘 귀 기울이고 있습니다.
이 책은 저작권법에 따라 보호받는 저작물이므로 무단전재와 무단복제를 금합니다.

ISBN 978-89-5828-493-2 73480
ISBN 978-89-5828-496-3 73480(세트)